Dieses Buch ist ein Versuch, das Schauspiel als ein klares System zu umfassen. Da ich nicht der Erste bin, der sich dieser Herausforderung stellt, greife ich hin und wieder auf die Methoden großer Schauspiellehrer zurück; manchmal widerspreche ich sogar ihren Ratschlägen und Einsichten. Im Laufe der Zeit erlernte und entdeckte ich unterschiedliche Methoden, vor allem von Konstantin Stanislawski, Eugenio Barba und Michael Chekhov und integrierte sie in mein praktisches Tun als Schauspieler und Regisseur. Als ich begann, selbst Schauspiel zu unterrichten, stieß ich zu meiner Überraschung auf die Tatsache, dass viele dieser Methoden bei einigen Schülern nicht griffen oder von Kollegen nicht- oder missverstanden wurden. Das verunsicherte mich, denn ich selbst war für mein Schauspiel immer gelobt worden und fühlte mich in diesem Gerüst der Schauspiel-Techniken wohl. Ich bekam Zweifel: Waren der Grund für meine Erfolge genau diese Techniken oder ausschließlich meine Begabung? Irgendwann kam ich zu dem Punkt, an dem ich all das Gelernte auf seine tatsächliche Anwendbarkeit überprüfen musste.

Dafür habe ich mich zunächst von der Unantastbarkeit der großen Namen verabschiedet und jede Methode mit meiner eigenen subjektiven Erfahrung beurteilt. Dabei kam mir sehr gelegen, dass ich als Regisseur oft mit unerfahrenen Schauspielern oder mit Laien arbeite. So konnte ich meine Beurteilungen einigermaßen objektivieren und sehen, ob eine konkrete Methode tatsächlich funktioniert und eine schwierige Szene nicht bloß vom schauspielerischen Können gerettet wurde. Manche Methode wurde aussortiert, manches neu rangiert und zugeordnet, wieder einiges musste ich durch meine Ideen ergänzen. So eröffneten sich mir Zusammenhänge unterschiedlicher Techniken und Herangehensweisen, was mich mehr und mehr davon überzeugte, dass sie zu einem übergreifenden System zusammengefasst gehören.

Im Bestreben, einige Lücken zu schließen und einige Thesen zu untermauern, griff ich auf Erkenntnisse aus verschiedensten Quellen zurück: der Schauspiellehre, Psychologie, Neurologie und sogar aus der Linguistik. Leider lässt der Rahmen dieses Buches keine ausführlichen Erläuterungen aus den erwähnten oder zitierten Quellen zu, deshalb hoffe ich, dass mein Umgang mit dem Stoff nicht zu freizügig ist.

Mykola Bogdanov

München, April 2021

Da ich im vorliegenden Buch aus Gründen der besseren Lesbarkeit die Worte Schauspieler, Darsteller, oder Ähnliches nur in ihrer maskulinen Form verwende, möchte ich mich bei allen Menschen jeglicher Gender-Schattierungen entschuldigen, die sich nicht direkt angesprochen fühlen.

 Wenn man mit einem Buchprojekt beginnt, setzt man sich nicht nur mit der Thematik auseinander, sondern auch mit der Frage, für wen man es schreibt. Selbst nach Fertigstellung dieses Buchs konnte ich diese Frage nicht eindeutig beantworten. Erst die letzten Korrekturen vor Veröffentlichung schafften mir Klarheit.

Vielleicht ist das Buch für manchen Leser zu anspruchsvoll. Es ist mir leider nicht geglückt eine „Gebrauchsanweisung", etwa Mit zehn Schritten zum Erfolg zu schreiben, wobei ich mir ein solches Werk sogar wünschen würde. Trotz meiner Bemühungen, möglichst einfach zu schreiben, fand ich nicht für jeden komplizierten Sachverhalt eine simple Erklärung; oder ich brachte es schlichtweg nicht übers Herz, bestimmte Details wegzulassen. Es gibt Menschen, für die es keine unwichtigen Kleinigkeiten ihrer Kunst gibt, für die die darstellende Kunst etwas viel Größeres ist, als im Rampenlicht zu stehen oder seinen Lebensunterhalt damit zu sichern.

Ich weiß, dass nur Wenige allen Rückschlägen, Enttäuschungen und Versuchungen zum Trotz ihrer Berufung innig treu bleiben. Für die, die ihre Kunst ernsthaft betreiben, gleich ob sie jung oder alt sind, ob sie noch studieren, spielen oder unterrichten, ist dieses Buch.

Mykola Bogdanov

Schauspiel: Ein Grundriss

Jegliche Übersetzung dieses Buches, in Auszügen oder einzelnen Sätzen in die russische Sprache ist vom Autor ausdrücklich untersagt. Dieses Verbot gilt, solange ein Teil der Ukraine in ihren international anerkannten Grenzen von der Russischen Föderation (Russland) besetzt oder kontrolliert bleibt.

© 2021 Mykola Bogdanov

Autor: Mykola Bogdanov
Korrektorat: Inna Tsvik; Stephanie Reinke-Bühler
Lektorat: Konstanze Messing
Foto: Aliaksei Basalai

Verlag & Druck:
tredition GmbH
Halenreie 40-44
22359 Hamburg

978-3-347-29810-1 (Paperback)
978-3-347-29811-8 (Hardcover)
978-3-347-29812-5 (e-Book)

Bibliografische Information der Deutschen Nationalbibliothek:
Die Deutsche Nationalbibliothek verzeichnet diese Publikation in der Deutschen Nationalbibliografie; detaillierte bibliografische Daten sind im Internet über http://dnb.d-nb.de abrufbar.

Inhaltsverzeichnis

Kapitel 1

Wie wichtig es ist, kundenorientiert zu arbeiten

Was erwarten wir, was erhoffen wir uns von einem Kino- oder Theaterbesuch? Die Antwort liegt meist irgendwo zwischen leichter Unterhaltung und tiefer Ergriffenheit, je nach Lust und Laune. Zum Glück bietet die darstellende Kunst eine Palette an Genres, bei der für jeden Geschmack etwas dabei ist. Dennoch müssen diese unterschiedlichen Erwartungen doch irgendeine Gemeinsamkeit haben. Was kann es sein, das so unterschiedliche Wünsche einschließt und vielleicht sogar für die Existenz der darstellenden Kunst verantwortlich sein könnte? Die Antwort liegt eigentlich auf der Hand: Zwei Urbedürfnisse — Erleben und Erlernen.

Sehen wir mal genauer hin. Wir Menschen und nicht nur Menschen, sondern auch andere höhere Säugetiere müssen immer wieder etwas Neues erleben, sonst wird uns langweilig, sonst erschlafft uns die Lebenslust, sonst quälen wir uns so sehr, dass es im schlimmsten Fall zu psychischen Störungen führen kann. Wir brauchen also regelmäßige Stimulation, einen Nervenkitzel, um Emotionen und Verstand auf Hochtouren zu bringen. Dieses Bedürfnis begleitet uns ein Leben lang und es scheint gleich, ob die Aufregung positiv oder negativ ist, oder ob der Mensch abenteuerlustig oder verschlossen ist. Sogar diejenigen, die ihre Ruhe brauchen, wollen sie nicht um ihretwillen, sondern um in dieser Ruhe das tun zu können, was ihnen Spaß macht, sprich, sie stimuliert. Nicht von ungefähr ist die Einzelhaft eine der härtesten

Strafen, die es gibt. Dieses Bedürfnis nach Aufregung lässt sich natürlich auf unterschiedlichste Weise befriedigen. Warum fällt die Wahl so oft gerade auf einen Film oder ein Theaterstück? Was unterscheidet den Film oder die Theatervorstellung von einer Sportveranstaltung, einem Clubbesuch oder einem guten Buch?

Es ist doch so, dass wir in einer Theater- oder Filmvorstellung zu *Zeugen* einer Geschichte werden. Wir erleben sie mit, hier und jetzt. Da liegt auch der Unterschied zum Buch. Beim Lesen sehen wir die Geschehnisse und die Figuren mit dem inneren Auge, sie sind *in uns,* wir gestalten und kreieren dadurch im Grunde die Geschichte mit. Das macht das Lesen so verlockend. Im Theater spielt das Geschehen *vor uns.* Nicht nur das, es sind auch andere Zuschauer dabei und durch dieses gemeinsame Erleben wird unsere Wahrnehmung ausgetrickst und die Geschehnisse auf der Bühne werden — besonders an den starken Stellen — fast als real eingestuft. Dass Menschen einander mit Ideen, Wahrnehmungen, Sichtweisen und Emotionen anstecken, ist längst kein Geheimnis mehr. Diese Synergie der erlebten Gemeinsamkeit ist überwältigend stark. Klar, nicht alle Zuschauer fühlen sich gleichermaßen einbezogen. Ich persönlich kann zum Beispiel keine Horrorfilme ansehenen, für mich ist es zu viel, ich kann mich nicht weit genug vom Geschehen abstrahieren. Es gibt aber eine Armee von Horrorliebhabern, die nicht nach jedem Aderlass auf der Leinwand am ganzen Leib schlottern. Dennoch scheint es mir, dass uns genau dieser magische flüchtige Moment ins Kino oder ins Theater zieht, in dem eine Geschichte zum Teil unserer Realität wird.

Freilich stellt sich sofort die Frage, für was sind denn Geschichten gut? Haben wir nicht genug Stress im realen Leben?

Manchmal schon. Dann steht uns eben nicht der Sinn nach noch mehr Drama und wir ziehen uns lieber eine Komödie rein.

Wozu braucht ein Mensch überhaupt Geschichten? Zu meinem Erstaunen, fiel mir nach einigen Überlegungen die etwas pathetische Antwort auf die Frage ein: Weil wir Menschen sind! In der Tat, was ist eine Geschichte? Es ist eine Sammlung einiger zusammenhängender Vorkommnisse, deren jemand ein Zeuge gewesen war und sie so bedeutsam empfand, dass er sie weitererzählen musste. Wenn man eine Geschichte erzählt, gibt man eine *persönliche Erfahrung* weiter. Auch wenn diese nicht direkt vom Erzähler gemacht wurde, sondern nur auf einer Überlieferung beruht, so steht am Anfang der Kette immer eine persönliche Erfahrung. Sogar eine komplett erfundene Geschichte besteht aus Teilen, mögen sie auch ganz klein sein, die der Autor unter unterschiedlichen Umständen selbst mal erlebt oder gehört hatte. Eine Geschichte ist also vorrangig eine Erfahrung. Und die menschliche Spezies giert nach Erfahrungen, sowohl nach persönlichen als auch nach jenen von anderen. Wir *lernen* so, mit der Welt klarzukommen, uns in der Welt zu behaupten. Lernen ist uns angeboren und nur dadurch sammeln wir nützliche Überlebens- und Erfolgsstrategien. Schließlich sind Menschen nichts anderes als „verrückte Affen", die ihr Wissen kodieren und speichern können und das ist wohl die deutlichste Grenze zwischen menschlicher und tierischer Welt. Über unzählige Generationen bedienen wir uns des gespeicherten Wissens und häufen neues Wissen für unsere Nachkommen an. Diesen Speicher nennen wir Kultur.

So beschreibt Mihaly Csikszentmihalyi, Professor für Psychologie an der University of Chicago, der den heutzutage weit verbreiteten Begriff *flow* eingeführt hat, in seinem Buch *Kreativi-*

tät: wie Sie das Unmögliche schaffen und Ihre Grenzen überwin-
den:

> *Wenn man mehrere Personen auffordert, aus einer Liste eine Beschreibung auszuwählen, die am besten wiedergibt, wie sie sich bei ihrer Lieblingsbeschäftigung fühlen — sei es Lesen, Bergsteigen oder Schachspielen —, ist die am häufigsten angekreuzte Antwort: »Etwas Neues entwickeln oder entdecken.« (...) Durch zufällige Mutationen müssen einige Individuen ein Nervensystem entwickelt haben, bei dem die Lustzentren im Gehirn stimuliert werden, wenn etwas Neues entdeckt wird. So wie einige Individuen mehr Vergnügen am Sex und andere am Essen haben, wurden offenbar auch einige Menschen geboren, denen es höchsten Genuss bereitete, etwas Neues zu lernen. (...) Falls das stimmt, haben unsere Vorfahren den Wert neuer Entdeckungen erkannt und alle Individuen beschützt, die Freude an der Kreativität hatten. Weil sie begeisterte Forscher und Erfinder in ihrer Mitte hatten und von ihnen lernten, waren sie besser auf unkalkulierbare Überlebensbedrohungen vorbereitet. Bis heute verfügen wir über die Fähigkeit, jede Tätigkeit zu genießen, vorausgesetzt, wir können etwas Neues dabei entdecken oder erschaffen.[1]*

Natürlich gibt es mittlerweile verschiedenste Arten von Wissen, die voneinander unabhängige Strukturen mit eigenen Symbolen und Regeln bilden. Wir reden hier über die Kunst und sie unterscheidet sich von den Naturwissenschaften darin, dass sie ein System darstellt, in dem der Künstler keine objektive, son-

---

1 Csíkszentmihályi, M.: *Kreativität: wie Sie das Unmögliche schaffen und Ihre Grenzen überwinden*, 8. Aufl., Stuttgart: Klett-Cotta, 2010, S. 159, 160.

dern seine subjektive Erkenntnis weitergibt; etwas, was mit der menschlichen Psyche zu tun hat, etwas Intimes, was aus dem Spannungsfeld *Ich und die Welt* entsteht. Das gilt selbstverständlich auch für Geschichten, die im Kino oder im Theater präsentiert werden.

Erlebnisse und somit erworbene subjektive Erfahrungen haben in einer Gruppe einen sehr hohen Stellenwert. Wie oft hören oder sagen wir: „Mir ist heute was ganz Verrücktes passiert!" Von Erzählungen am Feuer über mythische Helden und ihren Abenteuern über mehrbändige Romane und kurze Tweets, all das sind Mitteilungen eigener und gemeinsamer Erlebnisse. Schauen wir das Wort *Mitteilung* genauer an: Es verdeutlicht die Notwendigkeit, die eigenen Erfahrungen mit der Gruppe zu teilen. Nur so erhöhen sich der Status eines Menschen und sein Eigenwert. Deswegen machen viele so gerne Selfies und veröffentlichen sie stolz in ihren Social Media-Profilen. Es spiegelt das Bedürfnis nach einem erfüllten und erfolgreichen Leben (sprich nach einem hohen Status). Auch wenn die Fotos oft genug mehr Schein als Sein sind, sollen sie beweisen, dass ihr Autor etwas Besonderes erlebt hat.

Noch ein Beispiel aus der Theaterszene. Es gab in der UdSSR einen berühmten und bejubelten Schauspieler und Sänger. Er hatte eine sehr raue Stimme und dementsprechend ein Bad-Boy-Image. Seine Kollegen erzählten, dass seine Stimme so einnehmend war, dass selbst sie erst nach einer Szene oder nach der gesamten Vorstellung einschätzen konnten, ob er gut gespielt hatte. Dieses Phänomen lässt sich durch die starke Verbindung zwischen Emotionen und Stimme erklären. Große emotionale Umbrüche wirken sich auf die Stimme aus; die raue Stimme eines Menschen suggeriert uns, dass er oder sie wohl viel durchgemacht haben muss. Und umgekehrt, deuten wir eine helle, klare Stimme, als ein Zeichen von Jugend, Unverdorbenheit, sprich Unerfahrenheit. Besagter Schauspieler selbst nahm es mit einem gewissen Humor. Er erzählte, dass er nach seinem Stimmbruch an einem Konzert teilnahm, bei dem er mitbekam, wie ein Zuschauer aus der ersten Reihe seinem Nachbarn zuflüsterte: „Der Kleine scheint aber viel zu saufen." Selbstverständlich entsprach das nicht der Wahrheit, er war ja erst 14.

Jeder mag Geschichten. Es gibt aber Geschichten, die keiner mag. Woran das wohl liegt?

Eine Geschichte ist demnach eine Aneinanderreihung kausal verbundener menschlicher Erfahrungen. Natürlich ist nicht jedes Geschehnis und jede Erfahrung von gleich hohem Wert. Es gibt genug belanglose Erzählungen, die dem Zuhörer die Zeit rauben und, je nach Aufdringlichkeit des Sprechenden, sogar lästig sein können. Es gibt aber auch großartige Erzählungen über kleine und zunächst nichtig scheinende Fakten, die auf unerklärliche Weise bis zur letzten Sekunde fesseln. Worin liegt ihr Geheimnis? Schließlich wollen alle die spannenden Geschichten hören, sowohl das Publikum als auch die Künstler selbst. Wir Theaterschaffenden müssen dieses Geheimnis lüften. Oft konfrontiere ich meine neuen Schüler zu Beginn des Schauspielkurses mit der Frage: *Was macht eine Geschichte für uns interessant?* Üblicherweise folgt zuerst eine lange Pause, dann sagt der/die Mutigste: „Wenn ich ein Bezug zum Thema habe oder mich mit der Figur assoziieren kann." Manchmal ergänzt eine Schülerin: „Wenn es mich emotional berührt."

Thema

In der Tat, wenn wir uns nicht mit der Geschichte identifizieren können, schalten wir ab. Uns interessiert nur das, was wir in unsere persönliche Welt integrieren können, was uns von Nutzen ist oder sein kann. Dabei ist Nutzen nicht unbedingt als Profit zu verstehen. Zum Beispiel, kann die Geschichte uns auf ein Problem in uns hinweisen und vielleicht einen Ausweg aufzeigen. Im Grunde nimmt man eine Erzählung, als Verhaltensmodell wahr, als eine Möglichkeit, als eine Gelegenheit, eigene zurückgestellte oder unterbewusste Wünsche stellvertretend zu erleben oder noch unentwickelte, vielleicht auch inaktive Fähigkeiten zu aktivieren. Die Sehnsucht nach Entfaltung, das vertretbare Kanalisieren verbotener Begierden oder vielleicht einfach das Bedürfnis, eigene Gefühle durch erkannte Ähnlichkeit zu erklären und zu sortieren, sind starke Motivation, oft stärker als der rein praktische Nutzen. Csikszentmihalyi fasst es so in Worte:

Durch Beschreibung realer oder fiktiver Ereignisse bringt der Schriftsteller den vergänglichen Strom der Erfahrung zum Stillstand, indem er die Elemente benennt und sie mit Worten festhält. Wenn wir einen Vers oder eine Prosapassage lesen oder rezitieren können wir die Bilder und ihre Bedeutungen auskosten und dadurch besser verstehen, wie wir fühlen und denken. Worte verflüchtigen Gedanken und Gefühle eine konkrete Gestalt. In diesem Sinne eröffnen Gedichte und Erzählungen neue Erfahrungen, zu denen wir sonst keinen Zugang hätten. Sie führen uns zu höheren Ebenen der Komplexität.[2]

Vor einiger Zeit besuchte ich zusammen mit zwei Kolleginnen eine Vorstellung in einem kleinen Münchner Theater. Gegenstand des Stücks war ein Monolog eines modernen Menschen, dem seine Vorliebe für Reisen in arme Länder sowie die zufällige Lektüre eines Buches von Karl Marx das schöne und sorgenfreie Konsumentenleben zerstörten und seinen Alltag in einen albtraumhaften Gewissens- und Klassenkampf verwandelten. Ein schonungsloser, witziger, dramaturgisch gut aufgebauter Text, ein starker Schauspieler und gleichzeitig Regisseur, dessen hervorragendes Verständnis von Stil und der erforderlichen künstlerischen Provokation den Abend zum Genuss für den Theaterkenner machten. Trotz all dieser guten Voraussetzungen konnte ich die Vorstellung für mich nicht als Erfolg bezeichnen. Den Grund dafür hat eine Zuschauerin treffend formuliert, deren Gespräch mit ihrer Freundin ich zufällig mitbekam. Sie sagte: „Fantastisch! Schade nur, dass es denen vorgeführt wurde, die eher nichts haben." Tatsächlich, keiner der Zuschauer machte den Eindruck, im Überfluss zu leben.

---

2 Csíkszentmihályi, M.: *Kreativität: wie Sie das Unmögliche schaffen und Ihre Grenzen überwinden*, 8. Aufl., Stuttgart: Klett-Cotta, 2010, S. 338, 339.

Die ganze Gesellschaftskritik, die das Thema der Vorstellung ausmachte, war hier eigentlich fehl am Platz.

Außerdem war der Anfang der Vorstellung meiner Meinung nach falsch konzipiert, was ihn sogar langweilig machte. Meine Kolleginnen empfanden es genauso. Zu Beginn der Aufführung schilderte die Figur, verwoben mit den etwas kafkaesken Nachtszenen, sein schönes großbürgerliches Leben. Trotz der präzise und gut eingesetzten Abwechslung von Licht, Spielorten und Tempo und des unbestrittenen schauspielerischen Könnens, zog die Vorstellung an sich nicht an. Dazu trug unter anderem ein stilistisches, bewusst vom Schauspieler eingesetztes Mittel bei, nämlich, um die Belanglosigkeit des Konsumentenlebens zu unterstreichen, das Geschehene als Banalität zu spielen. Das heißt, „unwichtige" Inhalte wurden noch unbedeutender dargestellt. Warum sollte das dann noch den Zuschauer interessieren? Des Weiteren waren alle Tagesszenen schnell, alle Nachtszenen dagegen langsam, rhythmisch gleich gestaltet. Dieses Prinzip war schnell durchschaut und etwas Aufregendes war immer weniger zu erwarten. Erst, als das Weltbild der Figur zu bröckeln begann, entstand ein bis zum Ende anhaltendes Interesse, das der Theatermacher kraft- und stilvoll ankurbelte. Schade, dass ein solcher Meister die wichtigen Komponenten unterschätzte.

Figur

Neben dem Entwicklungs- oder Lernnutzen gibt es ein weiteres starkes Bedürfnis, sich mit einer Geschichte oder einer Figur zu identifizieren: das Bedürfnis nach Anerkennung. Bei allem, was wir tun und was wir sind, messen wir uns in der Tat an anderen Menschen. Sogar eine winzige Bestätigung reicht aus, um zu erkennen, dass wir richtig handeln und für unsere Bezugsgruppe doch gut genug sind. Durch dieses Bedürfnis nach Zugehörigkeit und dem daraus resultierenden Verlangen nach Bestätigung entstehen so viele und unterschiedliche Kulturen und Subkulturen, formt sich unser Selbstbild, ja sogar die Mode. Sinngemäß werden unsere Vorlieben für Genres, Stilistik und Helden-Typen maßgeblich davon geprägt. Die Figuren einer Geschichte sind unsere Avatare, die für uns ein ordentliches Leben führen und dadurch vielleicht in der Realität einen ähnlichen Weg für uns bahnen. Aus diesem Grund müssen eine Geschichte und deren Figuren glaubwürdig sein, sonst ist eine Identifizierung nicht möglich — eine Tatsache, die Schauspielkunst ungeheuerlich erschwert. Zu Beginn des Buches haben wir bereits erfahren, dass ein Leser die Welt der Erzählung mitkreiert; dadurch wird diese Welt „gezwungenermaßen" für einen selbst stimmig. Dagegen braucht es bei einer Geschichte, die dargestellt wird, viel Überzeugungsarbeit, um das Publikum glauben zu machen, dass sie wahr ist. Das ist die erste Hürde, die jede Vorstellung überwinden muss. Dieser Anspruch muss nicht unbedingt zum Naturalismus führen. *Biene Maya* ist keinesfalls wirklichkeitsgetreu, hat aber durchaus Züge, die menschlich sind. Hinzu kommt, dass sie so gezeichnet ist, dass die Größenverhältnisse ihrer Körperteile den

Verhältnissen eines kleinen Tieres entsprechen. Das reicht aus, dass Millionen von Kindern sich mit ihr identifizieren können. Die Logik ihrer Handlungen ist den Kindern verständlich, ihr Verhalten ist nachvollziehbar, deswegen bleiben Kinder an der Geschichte dran — *ihnen könnte das auch passieren.*

Im Grunde geht es bei der Glaubwürdigkeit ums Andocken an die Welt des Wahrnehmenden, die grundsätzlich auf zwei Polen basiert: Die „greifbare" physische Realität und die seelischen Abläufe. Ich würde behaupten, dass die seelischen Abläufe ganz eindeutig wichtiger sind, wenigstens für das Publikum. Tatsächlich nach dem Einführung der Computereffekte in die Filmproduktion, hat die physische Realität an Substanz eingebüßt. Im Theater erreichte man solche Abstraktion viel früher, nämlich mit einem einzigen Licht-Spot auf einer sonst leeren, dunklen Bühne. Einen glaubwürdigen Raum zu schaffen, ist wohl kein Problem; so sind besonders in der Filmbranche einige der Meinung, dass ein ganz natürliches Verhalten der Darsteller für die Glaubwürdigkeit der Geschichte reicht. Mag sein, aber es schützt nicht vor einem langweiligen Schauspiel. Dokumentarfilme etwa sind in der Regel keine Kinohits. Nichtsdestotrotz ist ein Schauspiel ohne Glaubwürdigkeit eine Qual. Ich definiere sie als ein Versprechen. Allein das Wort *Glaubwürdigkeit* deutet auf etwas Mögliches hin, auf etwas, was den bekannten Regelmäßigkeiten entspricht, aber dadurch nicht eingeschränkt ist. Man nimmt das Gezeigte an, glaubt in diesem Moment daran und schaut gleichzeitig in die Zukunft, was da alles noch auf einen zukommt.

Für den Schauspieler sind diese zwei Pole der Glaubwürdigkeit genauso wichtig, wie für das Publikum. Es ist das erste, was ein Schauspieler erreichen bzw. erlernen muss. Die gespielte

Situation muss für ihn glaubwürdig scheinen, sonst wehrt sich seine Psyche, sein Spiel wird hölzern und falsch. Zum Glück kann sich der Schauspieler in jeder Situation auf mindestens einen Pol stützen, nämlich auf den eigenen Körper, gleichsam der physische Pol. Glücklicherweise ist der Körper gleichzeitig eine Hintertür zum Pol der Psyche. Setzt man in einer Szene den Körper für etwas Praktisches ein, beginnt der Körper sich dabei wohlzufühlen, und es folgt zeitnah die Unterstützung der Psyche. Dazu aber später ausführlich. An dieser Stelle sei nur darauf hinweisen, dass Schauspieler eine andere Gewichtung der Pole haben.

Gefühle

Außer dem *Thema* und der *Figur* fehlt noch ein dritter Baustein, um eine Geschichte interessant zu machen: Sie muss uns emotional berühren. Tatsächlich ist es uns ein tiefes Bedürfnis, Gefühle zu haben; andernfalls stumpfen wir ab, verlieren die Lust am Leben und unsere Existenz scheint kaum von Bedeutung. Gefühl ist die Sprache des Unterbewussten, dessen, was man als ureigen wahrnimmt. Wenn diese Sprache nicht zu hören ist, fällt jede individuelle, subjektive Motivation weg; man wird innerlich desorientiert und das ganze Ich beginnt zu bröckeln. Man braucht Gefühle, um zu wissen, dass man als Individuum existiert.

Trotz der offensichtlichen Notwendigkeit, Gefühle zu haben, können sich diese nicht unterschiedlicher in den Menschen offenbaren. Bei manchen gleichen sie einem unaufhaltsamen, zerstörerischen Tsunami, bei anderen ist kaum eine Regung wahrnehmbar. Ich kenne eine junge Frau, die so impulsiv ist, dass sie bei Aufregung ihrem Ärger — ja, meistens ist es ein Ärger — buchstäblich Luft machen muss; andernfalls stockt ihr der Atem und ihr Herz rast, dass sie befürchtet, einen Anfall zu kriegen. Andererseits können wir einen Menschen, der keine Gefühle hat oder sie unterdrückt, sodass nichts nach außen dringt, nicht verstehen, sein Verhalten intuitiv nicht abschätzen und das beunruhigt uns.

Aber wie entstehen Gefühle? Um sie beim Publikum auszulösen, sollten wir dieser Frage auf den Grund gehen. Leider streitet die Wissenschaft darüber und keiner kann sie mit Gewissheit beantworten. Ich verstehe Gefühle als ein Signal- und Steuerungssystem. So meldet unser Unterbewusstsein nach der Analyse der aktuellen Situation: Es ist alles in Ordnung, es geht mir gut, alle wichtigen Organe sind ausreichend versorgt, die Umgebung ist sicher, man kann sich entspannen und den Moment genießen: Ein leises Glücksgefühl stellt sich ein. Oder aber es stimmt etwas nicht, da schlummert eine Gefahr, man schaltet auf Abwehr und, voilà, da ist sie, die Wut. Natürlich ist dieses Beispiel sehr vereinfacht und weist auf die tierischen Wurzeln unserer Emotionen hin. Übrigens, diese tierischen Wurzeln (manche Wissenschaftler bestreiten die Auffassung, dass unsere Emotionen von unseren tierischen Vorfahren vererbt wurden und verorten sie mit treffenden Argumenten im sozialen Miteinander) bereiten uns Kopfschmerzen und machen Angst, denn in unserer menschlichen Welt ist Wut nicht der beste Ratgeber. Unsere Alltagssituationen, die unser Unterbewusstsein ununterbrochen analysieren, sind unermesslich kompliziert, vielschichtig und vernetzt, und so sind auch unsere Gefühle kompliziert, flüssig, oft unklar und ab und zu gewaltig.

Je existenzieller oder dringender eine Situation ist, desto größer die Emotion, die sie hervorruft. Fernsehen gibt uns die Möglichkeit, an vielen wahren Geschichten teilzuhaben. Bestimmt können Sie sich an einen Beitrag erinnern, in dem ein Mensch aus Ergriffenheit zu weinen anfängt, während er erzählt, was ihm oder einem anderen zugestoßen ist. Vielleicht, weil er oder der andere die Situation trotz aller Schwierigkeiten überstanden hat, oder es eben nicht schaffte.

Gefühle geben ein signifikantes Zeugnis darüber, ob etwas Wichtiges mit einem Menschen geschieht. Wenn man eine Geschichte zum *emotionalen Erlebnis* machen will, muss man sie mit existenziellen Situationen spicken, die dem Zuschauer nahegehen, ihm also etwas bedeuten.

Dabei sind Gefühle nicht nur für den Eigengebrauch. Als soziale Wesen „scannen" wir die Gefühlslage anderer und passen uns dieser an. Empathie ist ein Kleber, der eine menschliche Gruppe zusammenhält. Mehr sogar, wir senden einander Zeichen über das eigene Befinden, mal unbewusst, mal bewusst, mal bewusst täuschend. Wir informieren die Welt, was von uns momentan zu erwarten ist. So werden eine Bewegung zu einer Geste und ein Gefühl zum Kommunikationsmittel. Für das Schauspiel ist diese Erkenntnis von unschätzbarem Wert, die leider viel zu oft vernachlässigt wird. Sie bringt nämlich die flüchtige und kaum steuerbare Emotion auf die Ebene des Tuns und Handelns. Nebenbei bemerkt, die moderne Psycho-Neurologie sieht die Emotion generell als Vorbereitung zu einer anschließenden Aktion. Dazu später mehr.

Das Geheimnis einer fesselnden Geschichte

Die süßen Zeiten der Kindheit sind leider schnell vorbei. Das, was uns als Kinder faszinierte und uns so viel Spaß machte, sieht im Nachhinein klein und irgendwie belanglos aus. Wir sammelten Erfahrungen, wir lernten Regeln und wissen irgendwann, wie es geht. Wenn eine Geschichte zu gewöhnlich, zu banal verläuft, zerstreut sich unser Interesse in Sekundenschnelle. Der Wiedererkennungseffekt, so wichtig für die Entstehung des Interesses, kann unglücklicherweise in Langweile münden. Binsenweisheiten verschwenden unsere kostbare Zeit. Kurz gesagt, uns reizt nur das Neue, das Außergewöhnliche mit einem großen Entdeckungspotential. So entsteht die zweite Anforderung: Die Geschichte muss *frisch und spannend* sein.

Und damit kommen wir zum Problem: zum einen sind die etablierten klassischen Geschichten dem Publikum bekannt, zum anderen gibt es generell nur eine begrenzte Anzahl an Sujets — abhängig von der zugrundeliegenden Wissenschaft, zwischen 3 und 36 — und sämtliche Plots sind nur eine Variation weniger Themen. Mehr hat sich der Mensch noch nicht ausgedacht, vielleicht gibt es schlichtweg auch nicht mehr. Als Regisseur kenne ich das Problem nur zu gut: Bei der Suche nach einem neuen Stück liegt die Quote anregender Texte bei maximal fünf Prozent und das sind schon die, die es bis in die Kataloge geschafft haben. Auf eine Textvorlage ganz zu verzichten, bringt auch nicht viel. Wenn die Künstler auf Improvisation setzen, kommt dabei nicht mehr heraus, als schon vorhanden: Wir schöpfen lediglich aus unseren Erfahrungen und unseren Erkenntnissen und diese sind — so schmerzhaft es auch ist, uns das einzugestehen — meist nicht unbedingt bahnbrechend. Die Errungenschaften des post-dramatischen oder performativen Theaters bestätigen diese These: Auch wenn sich die Künstler noch so viel Mühe geben, die Geschichte zu dekonstruieren, sobald der Zuschauer zwei und mehr situative Einheiten wahrgenommen hat, beginnt er sie zu verknüpfen, einzuordnen und konstruiert dadurch seine eigene. Und diese beruht auf einem der wenigen oben erwähnten Sujets.

Wie lässt sich dann ein altbekanntes Sujet frisch darstellen? In neuer Form? Kurzzeitig funktioniert es bestimmt, doch allein die Form hält uns nicht lange wach. Das menschliche Gehirn braucht Millisekunden, um eine Form zu erkennen und einzuordnen. Wenn sie komplex und nicht eindeutig ist, kann es vielleicht einige Sekunden dauern. Danach wird aber der Form keine Aufmerksamkeit mehr geschenkt, vorausgesetzt, es löst beim Beobachter keine andauernde Reaktion aus.

Ein einfacheres Beispiel dafür wäre ein Ausstellungsbesuch. Wie lange stehen wir vor einem Gemälde, wenn es uns nicht viel sagt? Wir erkennen sehr wohl die Blumen oder Häuser, vielleicht eine Landschaft oder menschliche Figuren, oder nur ein paar bunte Flecken und Striche, aber interessiert uns das? Nur wenn uns das Gemälde emotional berührt und wir hinter dieser Emotion einen Sinn verspüren, vielleicht sogar ein Geheimnis, das wir unbedingt lüften möchten, erst dann bleiben wir stehen und lassen diesen rätselhaften Eindruck tief auf uns einwirken. Ein Beispiel dafür sind die Gemälde von Kandinsky. Trotz ihrer abstrakten Formen wirken sie tief emotional und wohl nicht nur auf mich, was sein Status in der Kunst nahelegt.

Noch ein Beispiel aus dem Theateralltag. Ein Mitglied unserer Truppe lud ein paar Bekannte zu unserer Vorstellung ein, einem dreiaktigen Familiendrama. Darunter war eine Dame, die sich gerade so überreden ließ. Sie blieb die ganze Vorstellung und erwähnte im Anschluss, dass sie eigentlich keine Dramen mag, dass es aber schon schön gewesen sei. Am nächsten Tag erzählte sie, dass sie die halbe Nacht nicht schlafen konnte, weil sie darüber nachdachte, welche von den Schwestern aus dem Stück sie wohl sei. Ein solches Bekenntnis ist für mich der Kern der großen Aufgaben des Theaters und der Kunst im Allgemeinen.

Diese andauernde Wirkung ist ein Prozess des Unterbewusstseins, etwas Neues entsteht oder wenigstens eine Neuordnung der vorhandenen Komponenten. Betrachten wir genauer, was da in unserem Kopf abläuft: Das menschliche Gehirn ist eine Steuerungs- und Planungszentrale. Es bildet automatisch Verknüpfungen zwischen wahrgenommenen Objekten und deren Eigenschaften und ordnet deren Verhältnis untereinander. Es sucht, formt und speichert Muster, die aus diesen Verknüpfungen und Verhältnissen entstehen. Sobald ein solches Verschaltungsmuster entsteht und auf Richtigkeit geprüft wurde, beginnt das Hirn nur noch dieses zu nutzen und anhand dessen vorauszusagen, was weiter geschehen mag. Zum Beispiel, wenn wir das Wort „Baum" hören, schnappt sich unser Bewusstsein kein konkretes Exemplar, sondern ein Schema mit Stamm, Ästen, Zweigen, Laub und vielleicht den zugehörigen Wurzeln. Weitere Informationen z. B. über Farben, Größe, Gewicht und dergleichen sind ebenfalls gespeichert. Ohne solche schablonenhaften Vorstellungen könnten wir keinen Apfel pflücken, keinen Tee kochen, geschweige denn, unseren Urlaub oder gar unser Leben planen. Manches wird schnell in ein Muster umgewandelt, wie etwa der Baum, und man kann es leicht anwenden, manches braucht dagegen Jahre, um uns dann in Sekundenschnelle einzuleuchten. So kreiert unser Hirn eine Abbildung der Realität und nutzt sie, um unsere Aktivitäten zu steuern.

Das ist auch der Grund, warum sich die Zuschauer unausweichlich ihre eigene Geschichte aus dem Gesehenen basteln. Das menschliche Gehirn braucht Ordnung und tut wirklich alles, – verzerrt, verdrängt, verblendet – um diese zu bekommen. Die schlimmsten Kriege waren und sind Glaubenskriege. Aber was ist denn der Glaube, wenn nicht eine innige Weltordnung, die der Mensch um keinen Preis verlieren will? Fällt eine der tragenden Säulen, bricht das ganze Netz zusammen und der Mensch verliert unwiderruflich sich selbst, seine Motivationen, seine Zukunft, seine Freude, wenn nicht sogar seinen Verstand.

Die Entstehung eines Verschaltungsmusters in unserem Kopf unter der Berücksichtigung aller möglichen Einflussfaktoren fordert einen enormen Aufwand und ist ohne Konzentration nicht denkbar. Aufmerksamkeit ist ihrerseits ein rares Gut und kostet den Körper zudem viel Energie. Aus diesem Grund schalten wir sie, sobald es möglich ist, um oder ab – die Batterie muss neu geladen werden. Wenn das Rätsel geknackt, die Objekte eingeordnet sind und sich die Planung als brauchbar erweist, wird die Aufmerksamkeit zurückgezogen und die Aktivität läuft nun halbautomatisch weiter. Wer einen Führerschein hat, weiß, wie anstrengend das Autofahren als Fahranfänger war, da man sich keine Ablenkung leisten konnte, und wie locker es nach ein paar Jahren geworden ist, sodass man sogar während des Fahrens einen Kaffee trinken, sich unterhalten und sogar die Frisur nachbessern kann. Das passiert, wenn das Fahren auf Halbautomatik läuft. Um die Aufmerksamkeit wieder auf den Prozess zu lenken, darf der bekannte Ablauf nicht mehr funktionieren oder den Erwartungen nicht mehr entsprechen. Das heißt, die halbautomatische Steuerung muss gestoppt werden, es muss ein Störelement oder eine problematische Funktion identifiziert und in einem neuen Schema berücksichtigt werden. So entstehen frische Reize, welche die Aufmerksamkeit auf sich ziehen. Die neusten Erkenntnisse der Neuropsychologie besagen übrigens, dass das menschliche Gehirn wohl nichts anderes ist als eine „Prognosemaschine".

Was bedeutet das für das Schauspiel? Eine Geschichte ist eine Entwicklung bestimmter Situationen, ein Prozess. In Prozessen erkennt man erstaunlich schnell eine bestimmte Tendenz und macht sofort Vorhersagen. Wenn das Resultat dieser Entwicklung dem Zuschauer bekannt ist oder bekannt scheint, wird er sie kaum weiterverfolgen. Um das Interesse des Publikums zu halten, muss hin und wieder für neue Reize gesorgt werden. Der lineare Verlauf der Entwicklung muss also unterbrochen und die Geschichte in eine unvorhersehbare Richtung gelenkt werden.

Dafür sind *Ereignisse* nötig. Ein Ereignis kann unterschiedliche Auslöser haben, zum Beispiel ist das Auftreten einer neuen Figur ein Ereignis, weil sie zur laufenden Situation etwas beiträgt; ein lautes Geräusch ist auch ein Ereignis, das, unabhängig von den behandelten Inhalten, auf instinktiver Ebene wirkt, dann aber gezwungenermaßen und restlos geklärt und eingeordnet wird. Im deutschsprachigen Theaterraum bezeichnet man bestimmte Geschehnisse, die auf der Ebene des Sujets stattfinden, als *Wendepunkt*. Das Verdienst des performativen und postdramatischen Theaters liegt übrigens in der Befreiung anderer Arten von Ereignissen von der Dominanz des sujet- oder textbezogenen Ereignisses. Wir betrachten das Ereignis als solches später genauer. An dieser Stelle ist es wichtig, sich vor Augen zu halten, dass man ständig unerwartete Wendungen und Überraschungen braucht. Die Schlussfolgerung daraus ist: *Ereignisse verleihen einer Geschichte Spannung* und nicht das Sujet. Sujet, Thema, Figuren sind nur der erste Anstoß, der unser Interesse entfacht, kurz darauf muss ein Ereignis her.

Kommen wir also kurz zu der am Anfang gestellten Frage zurück — was suchen wir eigentlich im Theater oder im Kino? - und blicken nun auf die Antworten: Eine spannende Geschichte erleben, sich und die eigene Welt darin wiedererkennen, emotional und geistig mitfiebern. Wie ein Schauspieler diesen Erwartungen auf seiner Ebene gerecht wird, versuche ich im nächsten Kapitel näher zu erläutern.

Kapitel 2

Was ein Schauspieler alles leisten muss

Schauspiel ist die Kunst der Provokation. Über Jahre wiederholte ich dieses Mantra — wieder und wieder. Doch nun denke ich, es ist nicht die genaue Formel. Kunst an sich ist bereits eine Provokation, in einer erlesenen Form und der Künstler ist ohne Ausnahme ein Provokateur mit Sinn für Harmonie und strebt diese an. Das bedeutet nicht automatisch, dass jeder, der Kunst betreibt, auch ein Künstler ist. Um ein Künstler zu sein, genügt es nicht, - das Schöne in allen Formen und Farben zu empfinden, das tun auch die, die Kunst mögen. Um ein Künstler zu werden, genügt es auch nicht, die entsprechenden Techniken zu lernen, das tun Handwerker auch. Kunst beginnt erst, wenn das gezeigte Objekt ins Bewusstsein der Menschen eindringt und darin eine neue Werteordnung schafft. Kunst beginnt mit einer produktiven Wirkung auf die menschliche Psyche.

Besonders kritisch ist dies für das Schauspiel. Es liegt wohl daran, dass Schauspiel die direkteste Kunstform ist. Wenn mir ein Bild nicht gefällt oder unverständlich ist, gehe ich einfach weiter. Wenn Musik nicht meinem Geschmack entspricht, kann ich diese mit einer gewissen Anstrengung ausklammern oder ganz abschalten, wenn mich aber ein Mensch anspricht, kann ich ihn kaum ignorieren. Das Ignorieren kann eine Schutzreaktion sein, was aber bereits eine erzwungene Reaktion ist. Deswegen enttäuscht ein langweiliges Konzert, aber eine langweilige Theatervorstellung nervt. Man muss bereits sehr viel Energie aufwen-

den, um die Verärgerung über eine schlechte Vorstellung zu ver-
arbeiten. Nebenbei bemerkt ist ein missglückter Kinobesuch in
dem Zusammenhang viel leichter zu ertragen, wenn man mit ausreichend Popcorn vorgesorgt ist.

Jeder Künstler will seinen Zuhörer oder Zuschauer aus
dem Alltag reißen, um ihm etwas Schönes / Lustiges / Rühren-
des / Erschreckendes zu zeigen, ihn zu beeindrucken, kurz gesagt
zu beeinflussen. Dieses bestimmte Etwas ist für einen Künstler so
wichtig, dass Künstler aller Epochen sogar einige gefährliche Pro-
vokationen wagten, damit ihre Botschaften ankommen. Ein Maler
offenbart seine Botschaft durch Farben und Formen, ein Musiker
durch Klänge und Rhythmen, ein Autor durch Sprache und Geschichten, ein Schauspieler durch ... Das ist der Punkt: Das Instrument und das Material unserer Kunst sind wir selbst! Dadurch
sind die Kriterien in der Schauspielkunst sehr verwaschen und
die Merkmale können sehr unterschiedlich sein. Eine Trompete
klingt immer wie eine Trompete und ein *Cis* ist überall das gleiche *Cis,* daher sind die Anforderungen an einen professionellen
Musiker gut präzisierbar. Welche Anforderungen gibt es an einen
professionellen Schauspieler? Reicht es, den Text zu lernen und
ihn deutlich auszusprechen? Dies ist nämlich die häufigste Frage,
die uns Schauspielern gestellt wird: „Wie kannst du dir so viel
Text merken?" Nein, das reicht bestimmt nicht aus. Das wohl
Schauspiel-spezifischste Kriterium ist das situationsgebundene
Handeln. Hier wird es schon unpräzise, denn in ein und derselben
Situation werden sich verschiedene Menschen unterschiedlich
verhalten. Es ist also abhängig vom Charakter und von diesem
gibt es unzählige Varianten oder Interpretationen. Dennoch

schaffen wir es als Zuschauer gutes Spiel von schlechtem zu unterscheiden. Woran?

Hingucker

Überlegen wir, was man wahrnimmt, wenn man ein Schauspiel verfolgt. Als Allererstes sehen wir einen Menschen. Er mag aufwendig verkleidet sein oder eine Tomate spielen, wir erkennen in der Figur immer den Menschen. Dementsprechend reagiert in uns ein uralter Mechanismus auf die Begegnung mit einem Mitglied unserer Spezies: Sehr schnell und unbewusst schätzen wir ein, ob er oder sie gefährlich, schutzbedürftig, kontaktfreudig oder reserviert, energiegeladen oder ausgepumpt, aber vor allem, ob er oder sie attraktiv ist. Ja, die Attraktivität oder die sexuelle Anziehungskraft sind die wichtigsten Ausgangspunkte der zwischenmenschlichen Beziehung. Mit anderen Worten, wir schätzen ein, was wir von dem Fremden zu erwarten haben. Auf jede neue Figur reagieren wir ganz intuitiv mit erhöhter Aufmerksamkeit. Und je prägnanter die Grundeigenschaften einer Figur sind, desto länger konzentriert man sich auf sie.

Dieses Phänomen muss man im Schauspiel unbedingt ausnutzen; leider lassen sich solche Eigenschaften nur bedingt einüben und aneignen. Das heißt im Klartext: Der Mensch hinter dem Schauspieler oder der Schauspielerin sollten schon von vornherein ein auffallender Typ sein. Nicht von ungefähr besetzen Produzenten Serien meistens mit schönen Darstellern: Wenn die Inhalte zu dünn sind, muss wenigstens das Aussehen für Aufregung sorgen. Zudem ist es ebenfalls kein Zufall, dass Agenturen das Image ihrer Stars aufbauen und pflegen. Erinnern wir uns kurz an Marilyn Monroe: Ihre unglaubliche Anziehungskraft machte sie zum Weltstar und Symbol, obwohl ihre schauspielerische Leistung sich in Grenzen hielt. Hier muss man auch Schönheit von Sexappeal unterscheiden. Marilyn Monroe war schön und sexy, Barbra Streisand oder Meryl Streep dagegen waren nie klassische Schönheiten, besitzen aber eine außerordentliche Weiblichkeit und wissen diese sehr gut bewusst einzusetzen. Diese Fähigkeit kombiniert mit ihrem gigantischen Talent, verhalf ihnen zu einer Spitzenkarriere und andauerndem Welterfolg.

Doch auch hier gibt es Negativbeispiele, und zwar mein eigenes. Als ich mein Vorhaben, Schauspieler zu werden, einer Schulfreundin anvertraute, sagte sie verdutzt: „Schauspieler? Du siehst doch so normal aus." Das traf mich, hielt mich aber nicht ab. Ich glaubte an mein Talent und verspürte in mir den Willen und die Energie, das tief in mir wogende Schöne und Dramatische ans Tageslicht zu bringen. Obwohl mein Talent und meine Energie sich relativ schnell bestätigten, verhinderte meine unspektakuläre Erscheinung eine schauspielerische Karriere, obgleich ich nie an einer solchen interessiert war.

Ein Schauspieler ist im Grunde ein Reiz, ein Hingucker, ein Verführer, ein Herausforderer. Er muss mindestens eine der Urkräfte menschlicher Psyche aufwirbeln: Gefahr, Unterhaltung, Verborgenheit, Erotik, Ehrfurcht, Neugier.

Es gibt im Zusammenhang mit diesem Thema ein Zauberwort: *Ausstrahlung*. Was das ist, vermag wohl kaum einer zu erklären, doch die meisten spüren sie sehr deutlich. „Sie hat Ausstrahlung! Er sticht heraus." hört man häufig. Im Fachjargon nennt man dies *Raumpräsenz*. Auf Nachfrage, was dies bedeutet, kommt meistens: „Ich fühle mich angetan, angezogen." Das heißt, die besagte Ausstrahlung wirkt auf eine bestimmte Weise besonders stark auf einen Menschen und löst ein stabiles Interesse aus. Aus eigener Erfahrung kann ich bestätigen, dass sich diese Fähigkeit aneignen und trainieren lässt.

Das erkannte ich durch einen Zufall. Im ersten Semester an der Theaterhochschule bekamen wir Studenten die Aufgabenstellung, uns kleine dramatische Szenen auszudenken, einzüüben und den Dozenten vorzuspielen. Eine Kommilitonin erfand eine Geschichte, in der ein schwangeres Mädchen von ihrem Freund betrogen und verlassen wird; sie trifft ihn zufällig auf der Straße und er will sich vor der Verantwortung drücken. Ich durfte den Mistkerl spielen. Weil ich nicht viel Text hatte und während einiger längeren Passagen einfach nur dastehen und zuhören sollte, überlegte ich mir eine Spielstrategie: Ich stellte fest, dass mir meine „Freundin" mit ihren herzzerreißenden Worten und Tränen nicht zu nahekommen durfte, andernfalls konnte ich nicht bis zum Ende fies bleiben. Als ich an der Reihe war, setze ich also ein Lächeln auf, an dem alles abprallen sollte. Zu meiner Überraschung wurde ich für diese Rolle gelobt. Ich fiel wohl stärker auf, als die eigentliche Hauptfigur. Eine Dozentin sagte: „Aber dieses fiese Strahlen! Das war mächtig." Das Schlüsselwort „Strahlen" war gefallen und ich konnte mein Empfinden für diese Aktion nun einordnen und in der Spielsituation wieder und wieder abrufen. Aus heutiger Sicht weiß ich, dahinter verbarg sich noch etwas sehr Wichtiges für das Schauspiel, nämlich die Haltung der Figur zur Situation, die eine dramatische Spannung erzeugt. Meine Kommilitonin konnte nichts gegen mein freches Grinsen unternehmen und obwohl es ihr als Spielpartnerin gegenüber vielleicht unfair war, entsprach es dennoch dem, was sie sich ausgedacht hatte. Diese Ausstrahlung empfinde ich damals wie heute als eine Art direkte nonverbale Kommunikation mit dem Publikum.

Handlungslogik

So weit so gut. Nach den ersten drei Sekunden nachdem eine neue Figur erschienen ist, beobachten die Zuschauer, was die Figur macht und beginnen unvermeidlich damit, die Motivation hinter ihrem Verhalten zu ergründen. Dieser Prozess der Einordnung verläuft meistens unbewusst, ins Bewusstsein dringt nur das Resultat: „Er ist ihr Sohn! Deswegen küsst er sie auf die Wange." oder: „Hier geht es um den Naturschutz und die Figur soll wohl Mutter Natur verkörpern". Wenn ihr Verhalten nicht nachzuvollziehen ist, erscheint die Figur unglaubhaft und wird mit Desinteresse bestraft. Im Grunde vergleicht der Beobachter alle im Gedächtnis gespeicherten Verhaltensmuster; es ist eine Suche nach dem Schlüssel zur Handlungslogik.

Aus dieser Erkenntnis kann man zwei wichtige Prinzipien ableiten. Das erste Prinzip: Handeln ist die Basis für das Schauspiel. Es ist die Materie, aus der ein Spiel überhaupt entstehen kann. Es klingt selbstverständlich, ist es aber nicht. Wie oft höre ich Schüler oder angehende Schauspieler über ihre Figuren reden: „Ich fühle mich hier so und so." Wenn ich frage: „Und was machst du?", kommen Antworten wie „Ich sage ihm ...", oder eine Spur konkreter: „Ich will ihm doch sagen ..." Es fällt ihnen leicht, über die Gefühle der Figur zu sprechen, aber die Handlungen zu beschreiben, kostet große Überwindung. Und selbst wenn sie es geschafft haben, darüber zu reden, geraten sie meist ins Stocken, sobald sie eine klare Handlung definieren oder eine schon definierte Handlung in praktischen Schritten realisieren müssen. Das verdeutlicht uns eine Tatsache: Das menschliche Handeln entspringt einem Gefühl — ich rede über Handeln nicht über Planen — und die meisten Menschen sind sich dessen nicht bewusst. Psychologen wissen das spätestens seit dem Erscheinen des Buches „Descartes' Irrtum" des portugiesischen Neurologen António Damásio.

Das zweite Prinzip: Die Handlungslogik ist der Mörtel, der das ganze „Spielgebäude" zusammenhält, und damit ein sicherer Pfad für einen Schauspieler. Das Wort Logik scheint für manch einen ein Widerspruch zur Künstlerfreiheit zu sein. Das Wort Logik ist schließlich der kausale Zusammenhang mehrerer Ereignisse; ohne sie gäbe es keine einheitliche Geschichte und keinen Grund für den Zuschauer, sie mitzuverfolgen. Figuren ohne Handlungslogik würden uns nur verwirrend und sinnlos erscheinen. Wer würde sich schon für ein halbes Dutzend herumlaufender Irrer interessieren, wenn darin kein beruflicher Zweck liegt? Nichtsdestotrotz geht es dabei nicht um ein kalkuliertes Verhalten. Wie gerade erwähnt werden unsere Handlungen überwiegend durch Gefühle gesteuert. Es geht also um ein Zusammenspiel zwischen dem Vorhaben der Figur und dem Weg, den sie dafür einschlägt;

dieser wird seinerseits vom momentanen Befinden der Figur, ihrem Charakter und den erlernten Erfolgsstrategien stark beeinflusst. Es macht das Begreifen der Handlungslogik der Figur zu einer ziemlich heiklen Sache, die allen Schauspielern Schwierigkeiten bereitet.

Nehmen wir an, die Darbietung des Schauspielers war glaubhaft. Wir sahen einen Menschen, dem wohl etwas passiert ist, und wie er unter diesen Umständen agierte. Würde das einfache Betrachten von Kuriositäten, dieses kalte Interesse an einem Resultat ausreichen, müsste ich dieses Buch nicht schreiben. Nein, wie ich bereits erwähnte, sucht der Mensch bei einer Vorstellung nach einem Erlebnis. Um bloßes „interessiert sein" in „erleben" zu verwandeln, müssen noch zwei wichtige Voraussetzungen erfüllt werden.

Zuerst soll der Zuschauer in die Geschichte hineingezogen werden. Er muss seinen Alltag für die Dauer der Vorstellung zur Seite schieben, muss sich vollkommen auf die Problematik der Geschichte einlassen, muss mit den Protagonisten mitfiebern, sich gar als Teil der Geschehnisse fühlen. Das Stück muss für den Zuschauer fast zur Realität werden oder sich streckenweise wenigstens so anfühlen. Erst dann kann man es als Erlebnis bezeichnen. Dieser Übergang vom Alltag in die Welt der Geschichte ist nicht selbstverständlich und nicht beständig. Einmal erreicht, überdauert er nicht automatisch den Rest der Vorstellung. Es bedarf Fingerspitzengefühl, um die Verbindung zwischen dem Publikum und der Darbietung aufrechtzuerhalten. Meine Anforderung an gutes Schauspiel: *Wir spielen in der Realität, mit der Realität, und kreieren innerhalb dieses Spiels eine neue spezielle Realität.* So ist sie für den Schauspieler der Ausgangspunkt und gleichzeitig das Produkt seiner Kreativität. Ich möchte es noch deutlicher machen: Die Fantasie des Schauspielers, seine Gedanken und Meinung zum Thema, zur gespielten Figur, die Form, die er womöglich für sein Spiel fand, sind ein guter Anlass für eine Diskussion, aber nicht für ein Erlebnis — wenn es nicht gezielt als solches gestaltet ist, wie z. B. bei Brecht. Erlebnisse funktionieren auf der Ebene der psychischen, emotionalen Reaktionen genauso wie auf der Ebene der körperlichen Reaktionen: Sie verändern uns. Das Erlebte wird für den Menschen Teil seines Universums, das sich auf seine Gefühle, Gedanken, Wünsche und schließlich auch Taten auswirkt. Ich kann mich an manche Szenen aus Stücken und Filmen nach Jahrzehnten immer noch erinnern, wie sich diese Momente anfühlten, weil sie mich damals so beeindruckt hatten. Und wenn ich an einem neuen Projekt arbeite, messe ich mein Tun an solchen starken Erlebnissen.

Nun, wie funktioniert das, mit der Realität zu spielen? Hier geht es um einen sehr interessanten und durchaus wichtigen Mechanismus der menschlichen Wahrnehmung. Wir Menschen halten das für normal und in einigen Fällen sogar für real, was andere für normal oder real halten. Es ist ein sozialer und *situativer* Konsensus. Im Mittelalter waren ganze Dörfer Zeugen von religiösen Wundern. Auf alten Fotos der 30er Jahre tragen Männer sackartige Hosen und Frauen blümchengemusterte Kleider. Sehen die Menschen da schon ein wenig komisch aus? Aus heutiger Sicht ja, aber die Menschen auf dem Foto, fühlten sich bestimmt attraktiv; das, was sie trugen, entsprach der Mode und verhalf sowohl im privaten als auch im gesellschaftlichen Leben zum Erfolg. Der Unterschied zwischen uns und ihnen liegt ausschließlich in der Einstellung. In vierzig Jahren lachen unsere Enkel über die jetzige Mode, was uns heute aber nicht weniger lässig macht. Ein weiteres Beispiel: Beginnt im Theater einer der Zuschauer während der Vorstellung laut zu lachen, schließen sich ihm die meisten bald an, weil seine Reaktion zur Norm geworden ist, und die Zuschauer lachen sogar an Stellen, wo es eigentlich nicht erwünscht ist. Nutzen wir diesen Mechanismus in unserer Kunst, so müssen wir der Regel folgen: *Der Darsteller gibt während des Spiels vor, was zur Norm gehört und was nicht.*

Realitätstheorie

Wenn von Realität die Rede ist, manövriert mich das unausweichlich in eine Erklärungsnot. Keinesfalls versuche ich mich an einer philosophischen, vollständigen oder wissenschaftlich korrekten Beschreibung. Es gibt aber einige Ansichten und Aspekte der Realität, die für das Schauspiel sehr wohl relevant sind.

Da gibt es die physische Realität, die mich diesmal nicht interessiert, sowie die psychische Realität. Sie ist für das Schauspiel letztendlich das Objekt, mit dem es sich befasst. Sie entsteht aus dem, was ein Mensch in der physischen Realität wahrnimmt und dem, was in seinem Gedächtnis gespeichert liegt. Das ist aber nicht alles. Die ungeheuerliche Menge an Signalen und ihr nicht versiegen wollender Fluss, übersteigt deutlich die Speicherkapazitäten unseres Gehirns. Aus diesem Grund speichern wir nur eine strukturierte Abbildung der physischen Realität, mit ausgewählten, nützlichen Elementen. Alle weiteren Prozesse, die unser Bewusstsein und Unterbewusstsein durchführen, finden innerhalb dieser Abbildung statt und nur mit diesen Elementen. Psychologen sagen indessen, dass diese Abbildung ständig geprüft und korrigiert wird, und das meistens im Schlaf. Die unwichtigen Elemente werden gelöscht, gefährliche verdrängt, neue eingebaut, das Ganze wird neu sortiert und letztendlich wird das Wichtigste und Aktuellste an das Bewusstsein zur Planung und für weitere Handlungen weitergeleitet. Bedauerlicherweise sind für unser Bewusstsein sogar diese eingeschränkten Daten noch zu umfangreich und es steuert seinerseits dagegen, und zwar mithilfe der Aufmerksamkeit. Wir können nur über das nachdenken, worauf sie fokussiert ist. Vergleichbar mit einer Nachtwanderung mit Taschenlampe, sehen wir nur das, worauf der Lichtstrahl fällt, obgleich der Rest der Gegend nicht verschwindet.

Genau das ist die Stelle, wo die darstellende Kunst ihren großen Hebel ansetzt. Wir besitzen die Fähigkeit, bewusst zu beeinflussen, worauf *unsere* Aufmerksamkeit sowie die *anderer* gesteuert wird. Dadurch können wir in die aktuelle *bewusste* psychische Realität eingreifen. Wem ist das nicht schon passiert, man starrt zutiefst versunken in sein Smartphone und bemerkt dabei nicht, wie man auf eine Tischecke / Türschwelle / Straßenlaterne oder — Gott bewahre! — ein fahrendes Auto zusteuert? Unsere Realität beinhaltet wohl in diesem Moment keine Tischecke oder andere Hürden. Gut, das ist die private Realität, aber wir dürfen nicht vergessen, dass wir Menschen soziale Wesen und so gestrickt sind, dass alles Auffallende, was Unseresgleichen passiert, registriert und vorrangig verarbeitet wird. Das heißt, wenn ein anderer Mensch stark auf etwas konzentriert ist, weckt es unmittelbar unsere Neugier. Wir wollen wissen, was ihm so wichtig ist, vielleicht ist es auch für uns wichtig.

Für das Schauspiel bedeutet das im Grunde genommen, dass die Aufmerksamkeit der Zuschauer und der Spielpartner ständig auf bestimmte Sachverhalte gelenkt sein muss. Das können Gedanken, Gesten, psychische Prozesse, Gegenstände oder sogar räumliche Einheiten sein. Ein Schauspieler lockt bewusst die Aufmerksamkeit aller anderen auf den momentanen Gegenstand seines Spiels. Es ist ein proaktives Handeln und ein absolutes Muss. Das verlangt dem Schauspieler selbst natürlich ein großes Maß an Konzentration ab. Deshalb ist ständiges Training der — aufgepasst! — *Wachsamkeit* bitter nötig. Warum auf einmal Wachsamkeit, wenn es ständig um Aufmerksamkeit ging? Wir können gleichzeitig aufmerksam und passiv sein, dagegen ist die Wachsamkeit aktiv und beinhaltet eine Handlungsbereitschaft. Für das Schauspiel ist das ein entscheidender Punkt.

Das Anlocken ist aber nur eine der Methoden, die Aufmerksamkeit der Gruppe zu erregen. Auch das Senden gehört dazu. Wir senden ständig Signale an unser soziales Umfeld und können damit etwas ziemlich Gewaltiges auslösen. Nehmen wir als Beispiel eine Clique von Jugendlichen, die in einen Bus einsteigt. Sie sind laut, hyperaktiv, lachen wie Hyänen bis hin zu Bauchkrämpfen, blockieren den Einstiegsbereich und nehmen kaum Rücksicht. Was soll dieses Verhalten? Es ist nichts anderes, als eine Botschaft an die Welt und besonders an die anderen Mitglieder der Gruppe: „Ich bin nun paarungsbereit!" Diese Botschaft darf natürlich auf keinen Fall untergehen. Sie kämpfen regelrecht um die gegenseitige Aufmerksamkeit. Wenn die Stimmung aber kippt, können die Jugendlichen schnell dreist und aggressiv werden. Die Botschaft: „Ich bin erwachsen und beanspruche mein Revier." Diese Botschaft wird in aller Deutlichkeit kommuniziert und wahrgenommen.

Wenn wir also den Fokus der Aufmerksamkeit und den jeweiligen Sachverhalt kombinieren, entsteht eine Art psychischer Realität. Wollen wir sie aufrechterhalten, muss sie innerhalb bestimmter Zusammenhänge und Entwicklungen gehalten werden. Diesen Zustand bezeichne ich auch als operative psychische Realität.

Schauspieler müssen im Spiel also eine in sich stimmige Realität kreieren, die den ganzen verfügbaren Raum einschließt. Erst dann kann das Publikum buchstäblich etwas erleben. Aber nicht vergessen, die Realität kann auch langweilig sein. Um das zu vermeiden, muss Spannung eingebaut werden — gleichsam die letzte Voraussetzung für die Kreation eines Erlebnisses, das wir dem Publikum präsentieren wollen.

Spannung

Ich erlaube mir einen kurzen Blick in die Geschichte. Obwohl das Regietheater 2016 gerade seinen 150. Geburtstag feierte, sind die Tricks aus der Regie-Schatulle, zum Beispiel zugespitzte Charaktere, spektakuläre Bilder, Rhythmus und Musik, oder moderne Medien, so alt wie das Theater selbst. Denken wir an die ausdrucksstarken Masken des antiken Theaters, die nicht nur zur Darstellung der Figuren dienten, sondern auch oft ein rein technisches Mittel, nämlich Trichterlautsprecher, waren. Oder vergleichen Sie den Deus ex Machina (Gott aus der Maschine) — spektakulär und zu seiner Entstehungszeit ganz modern — mit dem heutigen Video im Theater oder den digitalen Effekten im Film. Allerdings sind so erzeugte Effekte nicht von Dauer. Ich habe im Münchner Residenztheater erlebt, wie die Decke eines aufwendigen Bühnenbildes herunterfiel. Der Überraschungseffekt hat gewirkt! ... aber etwa 5 Sekunden lang. Vorher und nachher mussten die Schauspieler die Last der Vorstellung selbst tragen.

Aus diesem Grund kann ich behaupten, dass nahezu das einzige Element auf der Bühne, das die Spannung aufrechterhalten kann, der Schauspieler selbst ist. Eine große Unterstützung leisten auch Musik und Rhythmus, im Film kommen noch Bild und Schnitt dazu, in anderen Worten das Narrativ.

Dennoch ist die *Erzeugung der Spannung die einzige wahre Pflicht des Schauspielers*, alles andere ist Kür.

Es mag ein wenig im Widerspruch zu dem stehen, was ich über Handlungslogik und Glaubwürdigkeit der Figur schrieb, aber nur auf den ersten Blick. Manche Schauspieler können in eine fremde Person hineinschlüpfen, andere spielen immer nur sich selbst und interpretieren die nicht übereinstimmenden Teile so, wie es ihnen passt. Wenn sie es überzeugend genug bringen, nimmt das Publikum alles an. Was das Publikum aber nicht annimmt, ist ein langweiliges Spiel.

Also ziehe ich folgende Bilanz über die Anforderungen an einen Schauspieler: die Aufmerksamkeit des Publikums erregen, die besondere Realität der Geschichte kreieren, Spannung erzeugen und all das, um ein einziges Ziel zu erreichen, nämlich ein Erlebnis für die Zuschauer zu schaffen.

Es gibt noch etwas, was einem Schauspieler abverlangt wird, obgleich dies schon fast hochgegriffen ist. Georgy Tovstonogov, ein berühmter sowjetischer Regisseur sagte einmal: „Man soll keinen Charakter, sondern ein Schicksal spielen". Tatsächlich ist es die ultimative Art, menschliche Tiefe und existenzielle Bedeutung in jede Handlung und Wendung hineinzubringen. Ein guter Schauspieler lebt in der Situation seiner Figur, ein großartiger Schauspieler hält dem Zuschauer die Situation seiner Figur vor Augen und zwingt ihn hineinzuschauen und darüber nachzudenken. So wird das Schauspiel zum künstlerischen Ausdruck.

Zum Abschluss dieses Kapitels eine Anekdote aus der Welt des Theaters, über Sarah Bernhardt, eine berühmte Schauspielerin des 19. Jahrhunderts. Sie sollte in einem Drama die Rolle einer jungen Achtzehnjährigen spielen, die in Not war; Sarah Bernhardt war zu dieser Zeit, wie in ganz Paris bekannt, schon gut über 30. Gleich zu Beginn des Stückes wurde die Figur nach ihrem Alter gefragt. Bei der Premiere warteten nun alle ungeduldig und mit einer gesunden Portion Skepsis auf diese Stelle; als die Szene gekommen war, ging Sarah Bernhardt zur Vorderbühne, damit ihr vom Leben gezeichnetes Gesicht ganz deutlich zu sehen war und sagte leise, stark und selbstbewusst: „Ich bin achtzehn." Das Publikum zuckte zusammen wie nach einem Stromschlag, denn da stand ein Achtzehnjähriges Mädchen, dem seine Pein so zugesetzt hatte, dass es nun wie eine 30-jährige Frau aussah. So machte die große Schauspielerin Peinlichkeit zum Triumph.

Die Figur begreifen

Nun betrachten wir detailliert die Aufgabe, die im Grunde genommen für einen guten Schauspieler 90 % der Arbeit an einer Rolle ausmacht. Die Rede ist von der Handlung, ihrer Nachvollziehbarkeit, von der Suche nach der Glaubwürdigkeit jedes einzelnen Moments. Eine Besonderheit, nämlich die Tatsache, dass die Handlungslogik stark vom Charaktertyp, insbesondere von Gefühlen beeinflusst wird, ruft hier Schwierigkeiten und Missverständnisse hervor. Je nach persönlichem Befinden, greift der gleiche Mensch nach unterschiedlichen Handlungsschablonen oder Erfolgsrezepten, von denen wir jede Menge parat haben. Aufrichtige Darsteller geben im Verlauf der Proben ziemlich häufig zu: „Ich begreife die Figur nicht. Wieso — oder wie — macht sie das?" Es ist wirklich eine Hürde für jeden Schauspieler und gleichzeitig ein existenzielles Problem. Die Situationen, die er spielen soll, sind für ihn abstrakt, die Figur fremd, die Wortstellung merkwürdig. Und solange es so bleibt, sperrt sich seine Natur dagegen, es fehlt ihm an psychischer Energie, das heißt, es bleibt ihm wohl nur die kinetische Energie zu Verfügung, die ihn verräterisch ungelenkig in seiner Bewegung und in seinem Sprechen macht. Sein künstlerisches Gewissen, falls er eins hat, schreit ihm ins Ohr: „Falsch! Falsch! Falsch!" Das Problem: die Handlungslogik ist nicht mit dem bloßen Verstand kalkulierbar, man kann sie höchstens in groben Zügen beschreiben, nur als Ganzes verwerten und nur „vom Bauch" her. Aber diese Erkenntnis ist noch nicht wirklich hilfreich.

Also, wie soll sich ein Schauspieler in die Rolle und die Situation des Charakters hineinversetzen? Fremde Umstände zu den Fakten der eigenen Geschichte machen? Es gibt eine weit verbreitete Meinung, dass die Fähigkeit, an solche vorgegebenen Umstände zu „glauben", ein Marker für schauspielerisches Talent ist. Wäre es so einfach, könnte man sagen, das Problem sei gelöst — glaubt einer nicht an die Situation, hat er halt kein Talent. Ich könnte ein paar unbestritten begabte und berühmte Schauspieler nennen, die zeitweise oder bei bestimmten Projekten ihre Schwierigkeiten hatten, sich in die Rolle oder in die Szene hineinzuversetzen. Andererseits gibt es viele Schauspieler, die nur eine einzige Rolle gespielt haben und es nie geschafft haben, an ihren einstigen Erfolg wieder anzuknüpfen. Deswegen bin ich immer vorsichtig, wenn es um „glauben" geht. Stattdessen stelle ich lediglich folgende Forderung: Alle Handlungen und Wendungen der Figur sollen *für den Schauspieler stimmig* sein, er muss überzeugt sein von dem, was er tut.

Wie erreicht man aber diese Aufrichtigkeit und Überzeugung? Das ist das größte Problem aller Schauspiel-Methoden und jede einzelne bietet eine Vielzahl an Antworten. Lee Strasberg, zum Beispiel, baut auf dem emotionalen Gedächtnis auf, einer Entdeckung von Konstantin Stanislawski, von der er sich allerdings später abwandte. Sanford Meisner nimmt die wahrhaftige physische Handlung, ebenfalls Stanislawskis Vorschlag, und mischt ihr eine umfassende emotionale Vorbereitung bei, verlangt aber die Bereitschaft zum Handeln aus dem Moment. Stella Adler setzt auf restlose Rechtfertigung jeder Aktion durch viele Fragen über Umstände und Motive der Figur; Michael Chekhov verweist auf die Vorstellungskraft, wie übrigens alle anderen auch, und offenbart die tiefe Wirkung der psychologischen Gesten. Jeder hat auf seine Art und Weise Recht, aber diese Methoden passen nicht für jeden. Verschiedene Typen menschlicher Psyche zeigen sehr große Unterschiede: Der eine ist in der Welt seiner Fantasien sicher, der andere navigiert zwischen den Wellen seiner Gefühle, ein anderer wiederum braucht einen klaren Plan. Ihnen allen helfen unterschiedliche Methoden. Und da wir wissen, dass reine Typen nicht existieren, greift ein Schauspieler eben zu unterschiedlichen Ansätzen oder einer Mischung aus mehreren.

Ein Beispiel aus der Praxis: Vor Jahren führte ich Regie bei einer Farce: Eine junge unerfahrene Darstellerin sollte eine strenge Polizistin spielen, eine, die allen anderen Angst einflößen sollte. Die Darstellerin war klein und besaß ein kindlich naives Äußeres, ich hoffte, es wird hinreichend komisch. Sie nahm sich der Aufgabe an, den viel älteren, gestandenen Kollegen zu zeigen, wer das Sagen hat, sehr ernst. Zu meinem Bedauern, funktionierte die Szene so nicht — es war schlichtweg nicht lustig. Lange versuchte ich ihr zu erklären, was die Figur an der einen oder anderen Stelle tun soll, wo die Situation umschlägt, worin der Humor besteht. Sie verstand auch alles, aber, so sehr sie sich auch bemühte, das Spielen klappte trotzdem nicht. Kurz vor der Premiere sah ich ihren verzweifelten Versuch, alles richtig zu machen, und da hatte ich eine Idee. Ich sagte: «Das ist dein Examen! Du bist gerade mit der Polizeischule fertig und nun musst die Prüfung bestehen, wie du siehst, läuft dabei alles schief.» Ihr ging ein Licht auf, plötzlich war ihr alles klar und sie spielte wunderbar und sehr komisch. Grund für diese zauberhafte Verwandlung war die Tatsache, dass die Spielsituation von der abstrakten intellektuellen Ebene auf die Ebene ihrer eigenen Erfahrungen hinübersprang und sie damit verstand, wie sie es machen kann. Die Handlungen der Figur wurden nun für sie stimmig. Man kann sagen, in diesem Fall griffen die Methoden des emotionalen Gedächtnisses und die Aktivierung der Fantasie durch Stanislawskis *„wenn"*.

Ein anderes Beispiel. In den 60er und 70er Jahren war das *Taganka* Theater eins der meist besuchten Theater in Moskau. Die Schauspieler der Truppe genossen dabei höchste Popularität, drehten mehrere Filme und reisten mit eigenen Programmen kreuz und quer durch das ganze Land. Ihre schauspielerischen Leistungen waren weit überdurchschnittlich, oft exzellent. Was machte sie bloß so gut? Der Intendant des Theaters war eine Leitfigur der Kunstszene und das Theater war regimekritisch. Fast jede Produktion musste einen heftigen Kampf gegen die Zensur ausfechten. Jede Vorstellung war ein Akt der Zivilcourage mit allen möglichen, wahrscheinlich sehr ernsthaften Folgen für die Künstler. Die unterschwellig brisanten Botschaften erzeugten zwischen der Bühne und dem Publikum Wellen von gegenseitigem Verständnis, einer gemeinsamen Verschwörung und natürlich von Faszination. Das war eine reale Einmischung in das gesellschaftliche Leben. Diese Zivilcourage stellte künstlerische und persönliche Anforderungen, lehrte und lenkte. Schließlich wurde der Regisseur dazu gezwungen, das Land für 10 Jahre zu verlassen, und konnte erst Anfang der 90er, nach dem Zusammenbruch der UdSSR, an das *Taganka* zurückkehren. Diesmal blieb der Erfolg aber aus. Warum? Die politische Situation war von Grund auf anders, das Theater hatte keinen Gegner mehr und fand sein Thema und damit den Zugang zum Publikum nicht mehr. In diesem Fall half den Schauspielern eine klar gesetzte künstlerische *Überaufgabe* (der Begriff kommt von Stanislawski): Strukturierende Interpretationen jeder Szene und jeder Handlung gespielter Figuren sowie der Zwang, in ihren Botschaften aufrichtig zu sein.

Noch ein Beispiel aus der Praxis, diesmal ein negatives. Als ich mit dem Schauspiel anfing, versuchte ich die Methode der *emotionalen Vorbereitung* anzuwenden, obwohl ich von Meisner zu der Zeit gar nichts wusste. Die Methode wurde aus dem Theateralltag abgeleitet und als guter Tipp weitergegeben. Sehr schnell stellte ich fest, dass sie bei mir allerdings nicht funktionierte. All meine Bemühungen, mich vor dem Auftritt auf bestimmte Emotionen einzustellen und diese aufzuputschen, waren umsonst; denn sobald ich auf der Bühne war, spürte ich, dass das Gefühl, das in mir pochte, den Gegebenheiten, die ich vor mir sah, nicht entsprach. So stand ich vor der Wahl, entweder mich vom falschen Gefühl leiten zu lassen und daneben zu spielen, oder all meine Vorbereitungen aufzugeben und nackt wie ein gerupftes Huhn ins tatsächliche Geschehen einzusteigen. Ich wählte Letzteres und bereute es nicht.

Heute verstehe ich, dass die Methode der *emotionalen Vorbereitung* unter dem Einfluss einer lange vorherrschenden

Spielästhetik entstand, in der man die Charakterzüge einer Figur und ihre Emotionen illustrieren sollte, kunstvoll, überzogen, mit viel Pathos; obgleich ihr Ziel war, die stimmige Lage und die Energie für die bevorstehenden Handlungen zu sichern. Heutzutage wirkt diese Methode, in Anbetracht moderner Ansichten vom menschlichen Wesen und neuer gesellschaftlicher Verhaltensnormen, meiner Meinung nach altmodisch.

So unterschiedlich und vielfältig die Methoden auch sind, lassen sie sich jedoch in drei Gruppen einordnen, was uns dabei hilft, zu einer neuen Lösung für dieses grundlegende Problem des Schauspiels zu gelangen. Die erste Gruppe konzentriert sich auf das Gefühl, die zweite auf den Verstand und die dritte auf die kreative Natur des Künstlers. Alle verfolgen aber den gleichen Zweck: Ein überzeugendes, unterhaltsames, ergreifendes Spiel.

An diesem Punkt ist noch ein wenig Theorie angebracht. Ich erwähnte bereits, dass unsere Gefühle, Emotionen und Launen eine Art Steuerungssystem, eine komplexe Antwort auf eine aufgetretene Situation sind. Ihre Art, Intensität und Dauer stehen in direkter Verbindung mit der Auswertung der Situation durch das menschliche Unterbewusstsein. Professor Dr. Gerd Gigerenzer, Direktor am Max-Planck-Institut für Bildungsforschung sagt: „Die Intelligenz des Unterbewussten liegt darin, dass es weiß, welche Regeln in welcher Situation vermutlich funktionieren". Die moderne Psychologie behauptet, dass bis zu 90 % aller Entscheidungen im Unterbewussten, d. h. nach Bauchgefühl getroffen und erst danach verbalisiert und logisch untermauert werden. Sie haben auch ihre physischen Träger, nämlich die Hormone, Neurotransmitter und andere unterschiedliche Botenstoffe, die im Hirn freigesetzt und größtenteils durch den ganzen Körper weitergeleitet werden. Dadurch kalibrieren die Organe ihre Arbeitsmodi und der ganze Körper wird in die Bereitschaft versetzt, ein bestimmtes Spektrum von erforderlichen Handlungen auszuführen. Die Wahrnehmung sowie das Zusammenspiel dieser Veränderungen nennen wir *Gefühl*. Was wiederum für das Schauspiel extrem wichtig ist, denn das Gefühl „bestimmt", zu welchen Handlungen der Mensch bereit ist. Zum Beispiel entscheidet die Intensität eines Gefühls, wie viel Energie für die auslösende Situation aufgebracht werden soll. Das, was man fühlt, macht einen einzigartig und steuert seine Taten.

Aber das ist noch nicht alles: Nach dem Eintritt des Gefühls ins Bewusstsein formt sich die Motivation, ein Geflecht aus verfestigten psychischen Strukturen, den Wertehierarchien, dem Selbstbild und dem Gefühl. Diese Motivation kreiert ihrerseits eine Vorstellung, einen Vorgeschmack, eine Vermutung, sie wirft einen Anker in die Zukunft und gibt grünes Licht für die Handlungen, die für die Realisierung dieser Zukunft vonnöten sind. Dann beginnt die Psyche blitzschnell und halbbewusst auszuwählen, was aus dem Spektrum der möglichen Handlungsmuster sicher und vielversprechend scheint und was sich schon als erfolgreiche Strategie erwiesen hat. Erst nach dieser Auswahl plant das Bewusstsein, wie die ausgewählte Handlung unter den konkreten Umständen am besten auszuführen ist.

Und das ist wiederum noch nicht alles. Das Bewusstsein kann Veto gegen die vom Unterbewusstsein vorgeschlagenen Handlungsangebote einlegen. Es macht Platz für die nächsten Prozesse und somit können wir behaupten: „Der Mensch hat freien Willen". Hier geht es natürlich nicht um die Situationen, in denen man reflexiv handelt, bei denen die Urbedürfnisse ins Spiel kommen, da zieht die Selbstbestimmung nämlich den Kürzeren; im Rest der Fälle haben wir durchaus ein Wörtchen mitzureden. Sie haben sicherlich schon einmal gehört oder gedacht: „Darüber kann ich später nachdenken", oder „Jetzt ist das unwichtig", oder „Dieses Buch ist mir schon irgendwie zu viel. Ich lege es lieber kurz zur Seite und gehe Eis essen". Jetzt wäre eine kleine Pause übrigens durchaus angenehm.

Ziehen wir eine Bilanz: Bevor der Mensch irgendetwas tun kann, durchläuft er einen dreistufigen Prozess: erstens, er bestimmt einen mehr oder weniger diffusen Rahmen seiner Aktivitäten; zweitens, sobald die Situation eine Anpassung erfordert, bereiten sich sein Körper und seine Psyche auf ein mögliches Handeln vor; drittens, sein Geist entscheidet und plant konkrete Handlungen. Als Letztes kommt ein leichter Impuls „Jetzt!" und wir tun das, was wir in der Situation für das Beste halten ... Nun gehe ich doch mal Eis holen!

Sie merken nun bestimmt, worauf ich hinauswill. Alle Techniken der verschiedenen Schauspielmethoden sprechen jeweils eine Stufe des von mir beschriebenen Entscheidungsprozesses an: Motivation, Gefühl, Verstand, aus dem Moment erwachsender Impuls. Ein wenig abseits davon steht die Methode der psychologischen Gesten von Chekhov. Einerseits hat sie unbestritten mit Gefühlen — oder unausgereiften Gefühlen, dazu später mehr — zu tun, beziehungsweise mit der speziellen Energie, die sie freisetzt. Es macht sie übrigens ein wenig ähnlich der *emotionalen Vorbereitung* von Meisner. Andererseits behandelt Chekhov diese Gefühle nicht wie einen Topf heißer Suppe, aus dem sich der Schauspieler bei Bedarf bedienen kann, sondern als speziell ausgerichtete Handlungen, die *im Inneren stattfinden* und den Verlauf einer Szene beeinflussen. Genial von ihm war, darauf hinzuweisen, dass die Gefühle eine direkte Verbindung und Wechselwirkung mit der Körperhaltung haben und sich dadurch in einem bestimmten Rahmen lenken lassen. Chekhovs Ansichten zu Gefühlen im Schauspiel und zur Verwendung ihrer *Wirksamkeit*, was besonders klar aus seiner Beschreibung der Atmosphäre hervorgeht, sind von großem Wert und leider in der Fachszene komplett unterschätzt. Sie ermöglichen es, eine strukturierte *innerliche Linie* der Ereignisse zu kreieren, genauso wie die Ansichten von Stanislawski es ermöglichen, eine strukturierte *äußere Linie* zu erschaffen.

Leider ist diese Methode eher zum Scheitern verurteilt. Vor einiger Zeit traf ich einen Schauspiellehrer, der sich als Spezialist der chekhovschen Methode verkaufte, der aber nach einem nicht gerade erfolgreichen Versuch meinerseits, eine psychologische Geste zu kreieren, sofort behauptete: „Na ja, so spielt heutzutage sowieso keiner". Ein anderer Trainer, der nach einem Chekhov-Workshop von den Referenten als Meister gekürt wurde, gab seinen Schauspielstudenten nur die Übungen aus Chekhovs Buch, die nichts mit psychologischen Gesten zu tun hatten, konnte aber auch nicht erklären, wozu diese überhaupt gut sind. Vielleicht ist es auch das Schicksal aller geistigen Systeme: schon die nächste Generation ihrer Vertreter versteht die ursprünglichen Inhalte nicht mehr und die Methoden werden durch unzählige Interpretationen und aus dem Kontext herausgenommene Teile immer mehr verwaschen. Sie warten auf einen weiteren Meister, der sie überdenkt und weiterentwickelt.

Aber kommen wir auf unsere essenzielle Frage zurück: Wie erreicht man im Spiel das richtige Maß an Aufrichtigkeit und

Überzeugung? Schaut man genau hin, merkt man, dass alle Methoden und die dazugehörigen Techniken die *Voraussetzungen* bzw. *Vorbereitungen* für ein gutes Spiel behandeln. Chekhov war ehrlich und mahnte in seinem Buch: „Sobald Ihr zu spielen beginnt, vergesst bitte alle Techniken!" Und tatsächlich, fragt man einen gestandenen Schauspieler, wie er spielt, würde er in 99 % aller Fälle die Frage nicht beantworten können. Er macht es einfach. Ja, er kann erzählen, wie er sich auf seine Rolle vorbereitet, aber wie er spielt, den Prozess, kann er nicht beschreiben. Dazu passt ein Sprichwort: „Frage einen Tausendfüßler, mit welchem Fuß er zu laufen beginnt und er bewegt sich nicht mehr von der Stelle."

> Für mich gleicht der Schritt vom Ausführen des Gelernten zum freien Spielen einem kleinen Wunder. Ich war einmal glücklicher Zeuge, wie sich ein von mir sehr geschätzter Kommilitone vom Schüler zum Meister verwandelte. Ich besuchte eine Vorstellung, in der er eine nicht allzu große Rolle spielte. Er trat auf die Bühne, begann routiniert seinen Part und kam schließlich zu dem Teil seiner Performance, in dem er ein paar Sätze ans Publikum richtete. Er schaute in den Zuschauerraum und hörte plötzlich mit seiner Darstellung auf, eine Sekunde lang. Etwas schaltete sich in ihm um, all der Stress und Druck, den er nach dem Studium immer noch auf der Bühne verspürte, waren weg, er wurde ruhig. Er rezitierte seinen Text und im Publikum trat eine zauberhafte Stille ein. Ich dachte nur: „Jetzt hat er es, jetzt kann er alles spielen."

Es gibt freilich die anderen Formen der Darbietungskunst, die programmatisch den Künstler und das Darstellende trennen. Für sie gilt aber ausnahmslos: Die Entfremdung bzw. die Beschränkung des Darstellers auf eine Funktion platzierten die Darbietung auf eine intellektuelle, abstrakte Ebene, auf der der Inhalt nicht mit seiner Form übereinstimmt.

Der Darsteller ist in diesem Fall ein Medium der Darbietung, wie Papier ein Medium für Buchstaben ist, deren gesamte Form keinesfalls dem Sinn des darauf geschriebenen Wortes gleichgesetzt werden kann; ebenso ist die Summe der Worte ihrerseits nicht dem Objekt des Gedankens gleichzusetzen – das wissen wir spätestens seit den Forschungen von Ferdinand de Saussure. Performer müssen sich nicht in die Umstände hineinversetzen, genauso wie das Papier nicht dafür vorgesehen ist, sich an die Buchstaben anzupassen. So eine Darbietung anzusehen, ist im Grunde eine Enträtselung von mehreren Signalen, die der Performer kreiert. Sobald sich aber während der Aufführung das gewisse Etwas ereignet – eine Offenbarung, ein Annehmen der Botschaft, etwas, was den Betrachter mitreißt und ich bin davon überzeugt, dass eine gute Performance das immer im Sinn hat, – verwandelt sich plötzlich der Performer selbst zum Zeugen und Schöpfer des Geschehenen, schlüpft also in die klassische duale Rolle des Schauspielers.

Anders kann es nicht sein, denn das ist eine fundamentale Eigenschaft eines Ereignisses: Es nimmt alle Beteiligten mit. Das ist Regel und Voraussetzung zugleich: Wenn der Darsteller aufrichtig zu seinem Tun steht, hat dieses bestmögliche Chancen, zu einem wahren Ereignis und automatisch zum Erlebnis zu werden.

Ich kann mich gut erinnern, wie schwer es für mich während meines Studiums war, mich in eine Szene einzufühlen. Es stimmte so gut, wie gar nichts. Einmal bat ich bei einer Probe meinen Kommilitonen, mich ernsthaft in eine Ecke zu drängen, um die Situation zu simulieren, die ich zu spielen hatte. Nachdem er mich zwanzig Minuten bedrängte, hörte mein Inneres auf, sich zu wehren und ich erlebte einen Befreiungsschlag. Der Text klang natürlich, die Gefühle waren da und verliefen der Szene entsprechend, keine fremden Gedanken und Wahrnehmungen störten meine Konzentration. Ich war glücklich. Leider wiederholte sich der Zauber bei der Aufführung nicht, es blieben nur lose Teile der einst so stimmigen Form, die sich punktuell gut anfühlten. So machte ich mich auf die Suche nach Methoden, die dem Spieler die Möglichkeit boten, diese Inspiration jedes Mal zuverlässig abzurufen. Heute kann ich behaupten, dass sich wenigstens die Dichte der stimmigen Stellen deutlich erhöht hat und ein paar Zaubersprüche habe ich durchaus lernen dürfen.

Kapitel 3

Mit System gewinnt man nicht nur im Lotto: Sieben Ecksteine des Schauspiels.

Im Großen und Ganzen lässt sich in drei Stunden erklären, wie Schauspiel funktioniert. Um das Gelernte aber in die Tat umzusetzen, muss man mindestens drei Jahre lang üben. Und auch dann gibt es keine Garantie, dass es wirklich funktioniert oder jedes Mal fehlerfrei abläuft. Das ist die bittere Wahrheit in unserem Beruf.

Als ich damit begann, Schauspiel zu unterrichten, sprach ich mit meinen Studenten über wichtige Bestandteile des Spiels, ihre Zusammenhänge, übte mit ihnen verschiedene nützliche Techniken, trainierte mit ihnen Rhythmus und Spontanität, tat also alles, was andere Lehrer auch tun. Schnell stellte ich fest, dass all das nicht mehr funktionierte, sobald wir zur Szenearbeit kamen. Die Gründe waren klar: Erstens, zwischen *rational verstehen* und *machen* liegt eine gigantische Kluft, zweitens, zu erklären, wie man spielt, ist als ob man erklären wolle, wie man seinen Arm hochhebt — man tut es einfach. Dann hatte ich eine Idee, die sich als ziemlich produktiv erwies: Wenn es schon so schwer ist, die vielen Voraussetzungen zu erfüllen und sich Teile mehrerer Techniken anzueignen, wäre es dann nicht besser, den Schüler schlicht auf das Resultat zu richten? Resultat nicht im Sinne: „Hier spielst du, dass du verliebt bist, und hier bitte weinen!", sondern im Sinne einer spannenden, lebendigen Szene. Relativ schnell ergaben sich *objektive, von den Inhalten unabhängige* Kriterien eines guten Spiels. Sie sind überschaubar, einfach, eindeutig und man kann sich auch noch während des Spiels auf sie stützen. Mehr sogar: werden diese Kriterien erfüllt, fließen während der Aufführung automatisch mehrere Eigenschaften ein, die vorher für die Schüler noch nicht greifbar waren. Nach und nach lichteten sich weitere wichtige Aspekte, die größtenteils anhand unterschiedlicher Methoden früherer Meister ausgearbeitet wurden und sich zu einem System vereinten, das ich mit Vergnügen hier vorstellen werde.

Ereignis

Im ersten Teil dieses Buches stellte ich zwei Thesen auf: Das Einzige, was Spannung in eine Geschichte bringt, ist ein Ereignis, und beinahe das einzige, was die Spannung aufrechterhalten kann, ist ein Schauspieler. Fügt man beide Teile zusammen, bekommt man eine einfache Formel: *Ein Schauspieler muss Ereignisse kreieren.* Um das zu verdeutlichen, muss ich erst erklären, was ich mit *Ereignis* meine.

Es ist ein Verdienst von Georgy Tovstonogov, dass der Begriff „Ereignis" im Zusammenhang mit Schauspiel- bzw. Regiekunst in den Vordergrund gerückt wurde. Es war nämlich ein zentraler Ansatz seiner Regiemethode. Für seine detaillierte Definition des Begriffs bediente er sich des Vokabulars von Stanislawski, behauptete sogar, dass jede Inszenierung fünf große Ereignisse haben muss, forschte in welchem Verhältnis sie jeweils zum Hauptkonflikt des Stückes stehen und vieles mehr. Er legte die Sache so akademisch dar und hielt sich so streng daran, dass viele seiner Schüler sich schon kurz danach von seiner Arbeitsmethode abwandten und begonnen hatten, aus dem Bauch heraus Regie zu führen. Darüber beklagte sich Irina Malotschevskaja, seine langjährige Kollegin an der staatlichen Theaterakademie St. Petersburg, in ihrem Buch über sein Werk. Ein weiterer unbestrittener Verdienst seinerseits war seine Dreitakt-Darstellungsformel, bestehend aus *Bewertung-Entscheidung-Handlung* sowie seine systematische Forderung an die Schauspieler, wirkungsvoll zu spielen. Dabei bezieht sich Tovstonogov auf einen Aufruf von Stanislawski, der behauptete, dass derjenige, der die Natur der schauspielspezifischen Handlung nicht verstanden habe, Schauspiel schon gar nicht verstehen könne.

Während meines Studiums wurde ich von einem Schüler von Tovstonogov unterrichtet. Stundenlang analysierte die ganze Klasse die vorgegebenen Umstände und die Ereigniskette eines Stückes oder einer Szene. Gott, war das langweilig! Ob wir danach besser spielten, ist wohl eine rhetorische Frage, und die mehrfach wiederholte Aufforderung, auf der Bühne wirkungsvoll zu sein, half auch nicht. Ich fürchte, mein Lehrer hatte es eindeutig versäumt, Stanislawskis Warnung zu beherzigen. Ich versuche nun, den Begriff *Ereignis* weniger streng und entfremdend zu erläutern, sowie die mit ihm unmittelbar verbundenen schauspielspezifischen Handlungen besser zu beleuchten.

Das Ereignis hat zwei Seiten: Eine Tatsache und deren Bewertung, sprich, wie wichtig dieses für uns ist und wie wir mit der Tatsache umgehen wollen. Als Beispiel nehme ich eine für mich faszinierende Beobachtung. Ein kleines Kind läuft noch unsicher auf den Beinen, stolpert und fällt. Dann hält es inne und schaut die Eltern an. Wenn sie kein Anzeichen von Schreck oder Sorge zeigen oder sogar das Kind ermuntern: „Oh, ist doch nichts

Schlimmes…", steht das Kind auf und läuft weiter. Wenn aber die Eltern den Sturz als gefährlich einstufen, gar schreien, beginnt das Kind zu weinen und vergräbt sich zum Trost in Mamas oder Papas Umarmung. Die Bewertung dieses Zwischenfalls hat für das Kind aus dem Geschehenen zwei völlig unterschiedliche Ereignisse gemacht. Wäre das auf der Bühne geschehen, wären es sogar zwei Genres: Drama und Komödie. Das heißt, die Bedeutung, die ein Mensch dem Geschehenen verleiht, macht für diesen Menschen das konkrete Ereignis aus. Es ist eine gute Nachricht für unsere Zunft: Schließlich kann man aus jeder aufgetretenen oder *wahrgenommenen* Sache ein Ereignis formen. Aber wie?

Bleiben wir bei dem Beispiel mit dem Kind und betrachten dieses Phänomen näher. Stellen wir uns vor, das Kind war beim Hinfallen ein Stück von seinen Eltern entfernt und in diesem Moment kamen zwei Passanten vorbei. Beide sehen das Kind. Einer hilft dem Kind auf die Beine, schaut, ob es unverletzt ist und sucht nach dessen Eltern. Der Andere geht weiter. Für den Ersten war das ein Geschehnis, er hat an diesem Tag etwas erlebt und hat am Abend etwas zu erzählen, für den Zweiten ist dagegen gar nichts passiert. Das Entscheidende daran: Der erste Passant unterbrach seine gegenwärtige Beschäftigung, stellte sein Vorhaben zumindest kurz auf Pause und entschloss sich, etwas anderes zu tun. *Ein Ereignis muss* also *solche Umstände mit sich bringen, die die Beteiligten aufgrund ihrer Wichtigkeit und Größe dazu zwingen, die aktuelle Situation neu zu definieren, sich dieser neuen Situation anzupassen und eine entsprechende Strategie zu finden.* Ein Ereignis stoppt den gewohnten Tagesablauf oder in Bezug auf die darstellende Kunst, die Handlung. Das hat fürs Schauspiel einige weitreichende Folgen.

Beginnen wir zuerst mit dem Offensichtlichen und dringen dann nach und nach in die Tiefe. Rein technisch gesehen, ist das erste Merkmal *die Aussetzung der laufenden Handlung.* Ein Stopp ist immer ein Anzeichen für den Eintritt eines wichtigen Umstandes. Diese Unterbrechung brauchen wir, um den Umstand, die neue Situation, einzuordnen. Wenn die Situation bekannt ist, ist die Einschätzung kurz und die Entscheidung über die nächste Aktion fällt leicht. Wenn die Situation aber unvorhersehbar und existenziell wichtig erscheint, dann nehmen wir uns Zeit, strengen uns an, warten auf innere Impulse und suchen nach Zeichen, die uns eine Richtung weisen. Es gibt einen alten Theaterspruch: „Je länger die Pause, desto größer der Schauspieler." Warum? Weil die Großen das Maß der zu behandelnden Themen festlegen und die Situationen gleichzeitig so zuspitzen, dass die bevorstehenden Entscheidungen überlebenswichtige Konsequenzen haben und viel Zeit verlangen.

Ein weiteres Merkmal eines Ereignisses ist der Rhythmuswechsel. Die Handlungen vor und nach einem Ereignis verlaufen immer in unterschiedlichen Rhythmen, dazwischen liegt, wie eben besprochen, eine Pause. Hier muss ich einen Begriff verwenden, der von Stanislawski eingeführt und wunderbar beschrieben wurde, *Tempo-Rhythmus.* Stanislawski bezeichnete alles, was außen geschieht, als Tempo und alles, was innerlich abläuft, als Rhythmus. Im Alltag gleichen sich diese zwei Prozesse an, in Ausnahmesituationen gehen sie den entgegengesetzten Weg. Wenn jemand zum Beispiel auf der Lauer liegt, gleicht sein äußerliches Tempo Null, sein innerlicher Rhythmus ist dagegen rasant. Oder umgekehrt: Früh morgens geht ein Mensch noch im Halbschlaf ins Badezimmer, um sich die Zähne zu putzen und versucht mit fast geschlossenen Augen die Zahnbürste zu ertasten. Sein Tempo kann fast normal sein, sein Rhythmus ist eher im Keller. Laut Stanislawski handelt ein Schauspieler immer in einem *Tempo-Rhythmus* und die Verhältnisse zwischen diesen zwei Ebenen können hochinteressante und ästhetisch kostbare Effekte erzeugen. Der Rhythmus ändert sich jedenfalls zwingend, das Tempo nicht unbedingt. Daher ist es eine Tugend eines guten Schauspielers, zwischen verschiedenen Rhythmen leicht umschalten zu können.

Ein weiteres Merkmal ist der Richtungswechsel in der Geschichte, ein „Knick" in der Szene. Dieses Merkmal verlangt, im Gegensatz zu den ersten beiden Merkmalen, die sich technisch relativ einfach darstellen lassen, nach einem Partner und einem Zusammenspiel. In der Tat, wenn die Geschichte einen Bogen schlägt, betrifft es alle interagierenden Figuren. Es gibt ganz große Ereignisse, die man in einer Synopsis auflistet, zum Beispiel: Doktor Faust beschwor in seiner Verzweiflung den bösen Geist Mephisto, der dann plötzlich vor ihm erschien. Es gibt auch die kleineren Ereignisse, die nur eine Szene beeinflussen, oder gar Mikroereignisse, die nach jedem Satz entstehen können, gar *entstehen müssen*. Aber *wo ein Ereignis ist, werden alle Beteiligten miteinbezogen*.

Sicher ist Ihnen aufgefallen, dass ich diese Eigenschaft bereits erwähnte und als fundamental bezeichnete. Nun konkretisiere ich meine Aussage; diese Eigenschaft ist in meinem System das entscheidende Kriterium. Wenn im Spiel ein Ereignis entsteht, wirkt es sich auf seinen Schöpfer genauso aus, wie auf alle anderen Beteiligten samt Publikum, es *ruft Gefühle hervor*. Im selben Moment spüren alle: „Es ist etwas geschehen, die Situation hat sich verändert". Der Anpassungsmechanismus schaltet sich ein, wie bereits oben ausführlich beschrieben, und bei jedem Schauspieler entsteht ein entsprechend echtes Gefühl, sodass kein kopflastiges Spiel mehr nötig ist. Hier sei noch zu erwähnen, dass keine Handlungsimitation zu einem Ereignis führt, sondern nur echte Aktion. Das Ereignis zu imitieren, vorzutäuschen, funktioniert nicht. Wenn sich eine Szene beim Schauspiel nicht gut anfühlt, weiß man sofort, was genau fehlt.

An dieser Stelle möchte ich an meine These über die gesonderte Realität, die in einer Aufführung zu kreieren ist, anknüpfen. Linguisten sagen „Die Sprache lügt nicht." Tatsächlich ist die Verbindung zwischen den Worten *Wirken, Wirkung und Wirklichkeit* nicht von der Hand zu weisen. Schaffen es die Schauspieler, eine Reihe von Ereignissen zu kreieren, erschließen sie damit eine neue, operative psychische Realität.

Nun bleibt nur die Frage zu klären, wie ein Schauspieler ein Ereignis kreiert. Hier wären die wichtigsten Zutaten: Problemlösung und die dazugehörigen praktischen Handlungen, Haltung zur aktuellen Situation, Beeinflussung, Handlung durch Sprache, ein offenes Ende.

Handlung

Erinnern Sie sich an Tovstonogovs Formel *Bewertung-Entscheidung-Handlung.* Sie beschreibt einen geschlossenen Kreis des Schauspiels, denn jede Handlung soll zu einer Veränderung der Situation führen, die ihrerseits eine Einschätzung braucht, eine neue Entscheidung nach sich zieht, und so weiter.

Deswegen sagt man, dass es leicht ist, mit einem guten Schauspielpartner zu spielen: Dieser konfrontiert seine Kollegen mit Tatsachen, die er schafft, die man nicht ignorieren kann und darf; dementsprechend muss man handeln. So werden die Spielpartner unausweichlich in die Veränderungen involviert. Ein klares Kriterium einer richtigen schauspielspezifischen Handlung ist folglich: Die Spielpartner fühlen sich verpflichtet, zu reagieren. Wenn dem nicht so ist, war die Handlung falsch, erfolglos und führte zu keinem Ereignis.

Zu Beginn dieses Buches sprach ich über die Wahrnehmung mit ihren beiden Polen, dem physischen und dem psychischen. Ich erwähnte, dass die tatsächliche körperliche Beschäftigung, die zum physischen Teil gehört, eine Tür zur Psyche öffnet. Dies entdeckte Stanislawski im Zusammenhang mit Schauspiel am Ende seiner Karriere und nannte sie *die Methode der physischen Handlungen*. Er sah sie, als die Krönung seiner Forschungen und seines Nachlasses. In Kurzfassung kann man sie folgendermaßen beschreiben: Nach den Worten Stanislawski soll ein Schauspieler die Aufgaben der Figur in einer Szene (Vokabular des Systems Stanislawskis) durch praktische Schritte untermauern.

Als Beispiel nehme ich eine Episode aus einem deutschen Fernsehfilm, in dem der berühmte Schauspieler Michael Gwisdek die Hauptrolle spielt. Es handelt sich dabei um einen alten Bauern, der zusammen mit seinem Sohn auf dem Hof lebt. Eines Morgens steht eine Thailänderin vor seiner Tür, die nach seinem Sohn fragt. Offensichtlich hatte sein Sohn eine Urlaubsaffäre mit ihr. Der Bauer fordert den Sohn auf, sie wegzuschaffen. Wie setzt das ein guter Schauspieler um? Er spricht nicht nur den Text aus dem Drehbuch, er nimmt den Koffer der Frau und wirft ihn weg. Diese Aktion verschärft die Situation so dermaßen, dass man sie nicht ignorieren kann, die zwingt, sofort zu reagieren.

Diese Methode ist eine zuverlässige Stütze für jeden Schauspieler und ich wundere mich, warum sie nicht an jeder Schauspielschule unterrichtet wird. Vielleicht ist es nicht ganz einfach, die Eindrücke aus der Lektüre einer Szene in machbare Handlungen zu "übersetzen", aber es lässt sich mit Sicherheit üben.

Ob man mit einfachen physischen Handlungen beim Spielen alles schafft? Eher nicht, denn es bleibt noch der zweite Teil, der psychische, und ohne die sichere Handhabung dessen, wird Schauspiel nicht funktionieren. Abgesehen davon gibt es ein Problem. Nicht immer kann oder darf man mitten in einer Szene jemand anderen mit Äpfeln bewerfen oder die Tür vor der Nase zuhauen. Im Schauspiel bedient man sich meist nur der Worte und diese sollten auch noch etwas bewirken! Aber wie?

Handlung durch Sprache

Als Regisseur werde ich in jedem Projekt mit Stellen konfrontiert, in denen eine Figur mehrere Sätze hat, etwas erzählt oder beschreibt und dann die Handlung ins Stocken gerät. „Worte, Worte, Worte ...", sagt Hamlet und meint, dass nichts davon

von Bedeutung ist. Friedrich Schlegel spielt in seiner Übersetzung wunderbar Worte und Handlungen gegeneinander aus.

POLONIUS
Was leset Ihr, mein Prinz?

HAMLET
Worte, Worte, Worte.

POLONIUS
Aber wovon handelt es?

HAMLET
Wer handelt?

Die Aufgabe also, die sich jedem Schauspieler in einer neuen Rolle stellt, heißt: Wie kann man Worte in Handlungen verwandeln und dadurch Ereignisse kreieren? In Stanislawskis System gibt es sogar einen Begriff dafür: *die Wort-Handlung* oder *Handlung durch Sprache*. Während meines Studiums habe ich ehrlich gesagt nicht verstanden, wie das funktioniert. Genauso ging es auch meinen Kommilitonen, obwohl wir viele spezielle Übungen dazu machten. Zum Beispiel wiederholten wir eine immer länger werdende Reihe von Worten und stellten sie uns dabei bildlich vor. Es hieß, je einprägsamer das vom Wort abgeleitete Bild zu sehen war, desto mehr Wörter könne man im Gedächtnis behalten. Es sollte uns für das im Schauspiel bekannte Motto einstimmen: Nicht fürs Ohr sprechen, sondern fürs Auge. Zweifellos ist die Übung zur Stärkung der Konzentration und Fantasie sehr nützlich gewesen, aber das eigentliche Ziel, das Sprechen lebendig und handlungsstark zu machen, verfehlte sie. In unserer Not griffen wir zu einer noch bis heute gängigen Methode: Um längere

Passagen zu überbrücken, muss man sie schnellstmöglich heraus-bekommen. Hilft aber auch nicht immer.

Eines Tages fand ich zufällig einen vielversprechenden Weg: An einem warmen Sommertag schwärmte ich im Gespräch mit Kollegen über den bevorstehenden Urlaub, den ich plante, am Meer zu verbringen, über meine Liebe zum Schwimmen, darüber beim Sonnenuntergang den Strand entlangzuwandern, dem Wellenrauschen zu lauschen und über die restlichen Vergnügungen, denen man in der Wärme am Meer frönt. Etwas Zauberhaftes entstand in diesem Moment, ohne dass ich es wollte. Wir waren alle sinnlich ergriffen. Ich sprach und hielt gleichzeitig inne, jeder von uns *spürte* und genoss die Bilder, die sich vor unserem geistigen Auge auftaten, obwohl ich sie gar nicht „malte". Alle bekamen Lust, sofort zum Meer gebeamt zu werden und dort alles eben Verspürte und Erhoffte auszukosten.

Sofort dachte ich: „So in der Rolle zu sprechen, das wäre ein Treffer!" Nach einer Weile und einigen Überlegungen, kam ich zu der Überzeugung, dass diese Situation gar nicht so außergewöhnlich war, denn jeder, oder beinahe jeder kann zum Beispiel einfach mal zum Spaß so über Essen schwärmen, dass anderen das Wasser im Mund zusammenläuft. Das Prinzip bleibt dabei gleich: Man muss durch Sprache eine körperliche Empfindung hervorrufen.

Wenn ich also an einem Text arbeite, muss ich die Worte in Empfindungen zurückübersetzen. *Zurück*, weil die Worte an sich nur erdachte Abstrakta sind, nichts anderes als die Verweise auf die Objekte — meistens geistige — und Verhältnisse zwischen ihnen. All diese Objekte, so sonderbar es auch klingen mag, nimmt man körperlich wahr. Auf diese Weise aus dem Text gewonnene Empfindungen muss ich später auch bei den Zuschauern hervorrufen. Das klingt nach mühsamer Arbeit, ist es auch. Zum Glück muss man nicht jedes einzelne Wort entblößen, sondern die gesamte Aussage, bzw. ihren nonverbalen Ursprung. Sobald man gelernt hat, hinter die Worte zu schauen, kann man mit der Zeit auch die feineren Aspekte des Inhalts flüssig und pulsierend ins Rampenlicht rücken. Doch kehren wir zu den Grundprinzipien zurück.

Die erste Hälfte der Arbeit, nämlich den Text in Empfindungen zu übersetzen, kann man alleine machen, als Hausaufgabe. Wie erregt man jedoch die Empfindung des Zuschauers? Zum Glück haben wir Menschen dafür unsere Spiegelneuronen. Es gehört schon zum Allgemeinwissen, dass Spiegelneuronen uns ermöglichen, bei Beobachtung eines anderen Menschen, das zu empfinden, was in ihm vorgeht. Sie sind die physischen Träger dessen, was wir Mitgefühl nennen. Wissenschaftler behaupten, dass 97 % aller Menschen diese Fähigkeit haben. Die restlichen 3 % sind gefährlich, wir reden nicht über sie. Also, wenn ich etwas fühle und dabei nichts vortäusche — Pokerface! — und mich jemand dabei beobachtet, fühlt er ungefähr das gleiche wie ich. Daraus folgt sonnenklar, dass man das spüren muss, was man sagt, dann erlebt das Publikum es auch mit.

Denken wir einen Schritt weiter: Wenn man etwas *spürt*, ist es für einen definitiv real, ob es aus der äußeren physischen, oder aus der inneren psychischen Realität herrührt. Streng genommen benutzen wir zwei verschiedene Worte dafür *Spüren* und *Fühlen*, die sich lediglich durch das Medium unterscheiden — etwas wortwörtlich Greifbares oder nicht Greifbares — sonst nichts. Was für unsere Sache aber ausschlaggebend ist, die physische Realität, kann man nicht manipulieren — der Apfel fällt immer auf den Boden — die psychische Realität dagegen ist sehr plastisch und lässt sich sehr stark von der Einstellung beeinflussen.

Das heißt, wenn im Text von einem nebeligen Tag und verschwommenen Schatten die Rede ist, bestimmt der Schauspieler, dass es real wird: In *diesem Raum* liegt *jetzt* Nebel, und das diffuse Licht macht die Schatten verschwommen. Wurden die Hausaufgaben gemacht, stehen jetzt anstatt von Worten Empfindungen bereit, so hat sich der Sprechende in die neue Umgebung *eingefühlt* und es *wirkt* auf ihn genauso wie auf die Zuschauer; jeder *erlebt* also den Nebel. **Wichtig!** Für dieses Einfühlen entsteht der Eindruck *vor dem Sprechen*. Noch bevor die Worte erklingen, sieht das Publikum es dem Schauspieler an, dass etwas für ihn wahrlich real ist, und erkennt dieses Etwas als Tatsache an. Die Worte, die danach kommen, läuten *das Erscheinen* dieser Tatsache ein und schicken das Publikum zur Truhe seiner gespeicherten Erfahrungen und lassen eine passende Erfahrung ans Licht des Bewusstseins aufsteigen. Dann erlebt man sie wieder. So werden Worte in Empfindungen übersetzt, so wird durch Worte eine Wirklichkeit geschaffen.

Man mag meinen, dass es nur mit Gegenständen, mit dem, was man von der Außenwelt wahrnehmen kann, funktioniert. Mitnichten! Jeder Gedanke, besonders ein ausgesprochener Gedanke, so flüchtig oder komplex er auch sein mag, beinhaltet in sich wenigstens zwei Intentionen für den Wahrnehmenden: zum einen dem Sachverhalt zu folgen bis zum Moment, wo es abverlangt wird, die eigene Ansicht auf die Sache zu ändern. Wozu sonst wäre es gut, die Gedanken zu äußern, wenn nicht, um eine gemeinsame Basis für weitere Aktionen zu finden? Zum anderen, falls so eine Veränderung stattfinden soll, abzuwägen, wie viel Muskelenergie es auf kurze oder lange Zeit kosten wird. Jede Ansicht bringt eine bestimmte Aktionskette mit sich und jedes Tun können wir ausschließlich durch Muskelkraft erledigen, sei es die Kaffeetasse zu greifen, oder das Wort "Ja" zu sagen und zu heiraten. Und wenn es um die Muskeln geht, geht es automatisch um die unbewusste Vorbereitung des Körpers, die man folglich spüren kann. Ein Schauspieler muss lediglich lernen, ideelle, geistige Objekte auf die Stufe der körperlichen Aktivitäten zu befördern. Um das zu erläutern, nehme ich wieder einen Text von Shakespeare. Dabei lasse ich jegliche Interpretationen des Charakters des Protagonisten, seines jeweiligen Zustandes oder seiner Beschäftigung beiseite.

HAMLET

Sein oder Nichtsein, das ist hier die Frage:

Ob's edler im Gemüt, die Pfeil' und Schleudern

Des wütenden Geschicks erdulden, oder,

Sich waffnend gegen eine See von Plagen,

Durch Widerstand sie enden. Sterben — schlafen —

Nichts weiter! ...

„Sein" bedeutet in diesem Kontext nicht nur „Leben", sondern „weiterleben". Was ist 'leben' für Sie ganz konkret? Wenn Sie einen geistigen Blick in Ihre Zukunft werfen, welche Szenen sehen Sie, was erleben Sie in diesen Szenen und welche Gefühle haben Sie dabei? Kosten Sie eine Begierde aus, ernten Sie Anerkennung, schaffen Sie eine große Sache? Diese Gefühle sind ein Teil Ihrer Motivation, ein Versprechen, das erfüllt werden will. Sie können es jetzt fühlen, und zwar in Ihrem Körper oder durch Ihren Körper, wie es Ihnen eben gefällt. Es geht also letztendlich um eine körperliche Empfindung, die ein Schauspieler bei der Aussprache dieses Wortes im Publikum auslösen kann, gar soll. Das „Nichtsein" bedeutet „Tod". Bekommen Sie nicht ein mulmiges Gefühl, wenn Sie sich zwingen, diesem natürlichen Phänomen ganz nah zu sein und nicht zurückweichen zu können, egal, ob es um ein Insekt oder einen Menschen geht, egal, ob es in der Wirklichkeit, oder in einer Vorstellung stattfindet? Wieder eine Empfindung, die hinter dem Wort steckt. Und nun kommt es zum Vergleich dieser Empfindungen und zur bevorstehenden Entscheidung: Zu welchen der beiden man sich bewegen soll, „... das ist hier die Frage ..." Die zwei nächsten Zeilen beschreiben das, was man durchmachen würde, falls er sich fürs Erste entscheidet. Im Grunde ist es gleichzeitig eine Szene und ein Verhalten in dieser Szene. Wenn wir „edler im Gemüt" durch „unnachgiebig und schweigend" ersetzen, „Pfeile" und „Schleudern" durch „Etwas, was mir körperlich und seelisch wehtut" und „Geschick" durch „eine mich angreifende Person, der ich mich nicht widersetzen kann oder darf" tauschen, so bekommen wir erkennbare Erfahrungen, die Sie in Ihrem privaten Erlebniskatalog samt dazugehöriger Gefühle und Empfindungen sicher finden können. Ein schmerzlicher Preis fürs Leben. Zieht der Schauspieler das Publikum in diese, ihm bekannte Situation — zum Test — hinein, lässt sie sich zusammen mit ihm auskosten, so erschließt sich auch fürs Publikum ein greifbares Argument. Nun probieren Sie die zweite Waagschale mit Argumenten nach dem gleichen Prinzip zu befüllen. Wichtig ist dabei ständig im Auge zu behalten, dass die gewonnenen Empfindungen einen Vorgeschmack auf Ihre Zukunft bieten, etwas, was Sie durchziehen sollen. Arbeitet man den ganzen Monolog so durch, bekommt man anstatt der tiefen Problemstellung und eleganter Rhetorik eine Reihe von am eigenen Leib gemessenen Entscheidungen, mit einem zu ihrer Umsetzung bereiten Körper. Langweilig wird es bestimmt nicht.

Konflikt

Konflikt ist das Wort, das wohl am häufigsten im Schauspiel verwendet wird. Persönlich mag ich es nicht. Seine Bedeutung ist mittlerweile sehr verwaschen. Einige verstehen darunter die Diskrepanz zwischen den Bestrebungen der Hauptfigur und den gesellschaftlichen Gegebenheiten, die anderen bezeichnen damit ausschließlich Streit zwischen den Protagonisten. Ich vermute, Letzteres resultiert aus der einfachen Beobachtung und Nachahmung des Spiels der bewunderten und gefürchteten Stars und Diven, mit der für sie typischen Streitsüchtigkeit und ihren Gefühlsausbrüchen. Bei Diven funktioniert Konflikt zweifellos ohne große Wissenschaft, der Haken ist aber, dass ihre Art des Spiels aus der Zerrissenheit ihres Wesens resultiert. Die Welt ist für sie nicht rosig und vom Schmerz angespornt schlagen sie nicht nur am Set aus. Das Paradebeispiel dafür ist der grandiose Schauspieler und Provokant Marlon Brando, dessen Eigenart vom nicht überwundenen Leid des Kindheitstraumas geprägt war. Dies trug maßgeblich dazu bei, dass Brando das Leben vieler seiner Liebsten zerstörte. Zum Glück verhält sich nicht jeder so, also brauchen die Übrigen eine Orientierung in der Sache. So definiere ich das Wort in Bezug auf das Schauspiel als *Zusammenstoß von Vorhaben*. Tatsächlich wird es nicht ohne ein aktives Bestreben, dessen Umsetzung bereits eingeleitet wurde, und eine zweite Partei, die dieses Bestreben nicht teilt, einfach zum Konflikt kommen. Wichtig an meiner Formulierung ist, dass der Begriff aus der theoretischen Sphäre der dramaturgischen Analyse in ein greifbares Ergebnis einer Handlung geholt wird.

Dies ist generell aber noch nichts Neues. Seit Stanislawski wissen wir, dass jede Figur ein eigenes Ziel und ein aus diesem abgeleitetes verschachteltes Set von Aufgaben haben muss; von der Aufgabe für eine Szene bis zur Aufgabe für das ganze Stück. Mehr sogar, er sprach über die *Überaufgabe* des Künstlers, die ihrerseits die Aufgaben der Figur prägt. Es klingt kopflastig und ist es auch. Ob das nur meine Empfindung ist, bezweifle ich stark: Wenn es tatsächlich funktionieren würde, hätten wir lauter gute schauspielerische Leistungen und dem ist bei Weitem leider nicht so. Es kostete mich ziemlich viel Zeit, für diese anerkannte Methode den richtigen Platz zu finden, und zwar auf der Regieebene.

Sanford Meisner lehnte die Zielsetzung als Spielansatz ebenfalls ab. Daher sein Prinzip „*acting means reacting*[3]". Übrigens, nicht nur Meisner. Neulich entdeckte ich für mich die Bücher von Nikolai Demidov, einem Schüler und Mitarbeiter von

---

3   Agieren heißt reagieren.

Stanislawski. Dieser hielt ihn für einen der wenigen tatsächlichen Kenner seiner Methode und bat ihn sogar an seinem Jahrhundertwerk *Die Arbeit des Schauspielers an sich selbst* mitzuarbeiten. Da Demidov aber zu dieser Zeit in seiner akribischen Forschung am Schauspielunterricht mehrere Eckpunkte des Systems widerlegte und Stanislawski darauf hinwies, kam es nach zwei Jahren zum endgültigen Zerwürfnis; es kostete Demidov nicht nur seine Karriere, sondern auch den Wohlstand und letztendlich seine Gesundheit. Er war der Meinung, dass Stanislawski unbeabsichtigt seinen Schauspielmethoden Regiemethoden aufstülpte. Bei keinem anderen Autor traf ich auf so viele explizit beschriebene Phänomene, die im Prozess des Spielens stattfinden oder auf Schwierigkeiten, mit denen ein angehender Schauspieler zu kämpfen hat, was ich selbst nur zu gut kannte. Manche Techniken, die er beschreibt, entdeckte auch ich und ich fühle mich in seinem vor einigen Jahren veröffentlichen Nachlass in vielen Ansichten bestätigt.

Es gibt in meinem System aber einen signifikanten Unterschied zu Demidov oder zu Meisner: Beide bauen im Grunde auf einem echten Impuls auf und fokussieren den Schauspieler somit auf *Empfinden und Warten*, natürlich ein vorbereitetes Warten. Aber jede Lawine beginnt mit dem ersten Stein, und der muss erst fallen. Der dem Spielmoment entsprechende richtige Impuls muss jedoch von irgendetwas ausgelöst werden, was zu einem gewissen Teufelskreis führt. Um dieses Problem in der Praxis zu lösen, regten die Meister die Vorstellung des Schauspielers mit scharfen, außergewöhnlichen, ihm aber verständlichen und ihn berührenden Umständen an, die der gespielten Szene entsprachen. Sobald die Fantasie des Schauspielers „zündete", übernahm sein künstlerisches Wesen, sein Talent das Steuer — vorausgesetzt, er hatte welches.

Ich persönlich fand den Zugang zum praktischen Nutzen des Konflikts im Schauspiel durch eine ziemlich witzige Erfahrung. Als angehender Schauspieler arbeitete ich zusammen mit einer guten Freundin aus Schulzeiten, die auch Schauspielerin war, an einem Theaterprojekt. Sie war sehr kreativ, eine gute Schauspielerin und sehr stur. Jedem meiner Vorschläge, eine Stelle so oder so zu spielen, hörte sie aufmerksam zu und sagte dann: „Nein, das machen wir aber so." Da ich sie sehr mochte, ärgerte es mich nicht, sondern es amüsierte mich. Um ihr ihre Sturheit zum Spaß zurückzuzahlen, begann ich während des Spiels, genau dasselbe zu tun, was sie bei der Vorabsprache machte: Ich lehnte zunächst einmal alles ab. Zu meiner Überraschung lief die Szene spritziger als vorher und es fiel mir signifikant leichter zu spielen. So einfach kann Konflikt auf der schauspielerischen Mikroebene funktionieren.

Problem

Heute biete ich fürs Spiel einen anderen Ansatz: *Jede Figur in jeder Szene hat ein Problem, das sie nicht imstande ist, alleine zu lösen.* Sie braucht dafür genau die Menschen, die in der Szene mit dabei sind. Das legt dem Schauspiel ein Prinzip zugrunde: Die Essenz jeder Szene und jedes Plots ist letztendlich eine Beziehung Mensch<—>Mensch, oder Mensch<—>Leute. Auch wenn in einer Szene kein Mensch dabei ist, versteckt sich in unseren Tiefen ein Wesen, das unsere Gefühle begreifen soll, ein all sehendes Auge, das unsere Taten merken soll, eine Stimme, mit der wir bewusst oder unbewusst andauernd kommunizieren. Wir messen uns an diesem Wesen. Stellvertretend fungiert dafür mal das Publikum, mal die Welt, mal ein Plüschtier. Andererseits ist der Ursprung jeder Handlung eine wahrgenommene Unzufriedenheit, egal welcher Art, negativer, falls etwas fehlt, oder positiver, falls vom etwas gerade zu viel ist. Für das Schauspiel ist es wichtig, diese Unzufriedenheit an ein konkretes Störelement aus der Außenwelt anzuknüpfen. Um dieses Störelement der Figur zu beseitigen, muss sich der Schauspieler ununterbrochen mit seinen Spielpartnern beschäftigen (ein wesentliches Prinzip von Meisner und der Auslöser für seine Forschungen). Die agierende Figur muss also eine solche Situation schaffen, bei der die anderen sich gezwungen fühlen, gemeinsam an dem Problem zu arbeiten.

In der Praxis wird leider überwiegend etwas anderes von einem Schauspieler erwartet, besonders bei einem Dreh. Er muss Gefühle spielen, aktuell sind häufig Tränen gefragt. Dieser Trend ist verständlich, sollen dem Publikum doch die Schwäche, die Unvollkommenheit, der weiche Kern der Figur vermittelt werden, das, was die Figur eben menschlich macht. Aber versuchen wir, uns zu erinnern, wie oft wir als Zuschauer von Tränen auf der Leinwand tatsächlich berührt waren und wie oft wir sie gesehen haben? Das Verhältnis liegt bei mir vielleicht um eins zu fünfzig. Abgesehen davon, dass der Mensch intuitiv spürt, wenn ihm Gefühle vorgetäuscht werden, ist es fast immer nicht nur peinlich, sondern auch langweilig. Das ist auch nicht verwunderlich, denn solange ein Schauspieler mit sich selbst — seinen Gefühlen, seinen Überlegungen, seinen Impulsen — beschäftigt ist, kann er nicht handeln und dementsprechend keine Spannung erzeugen. Wenn einer auf die Tränendrüse drückt, ist er in diesem Moment wohl mit der eigenen Physiologie beschäftigt und nicht mit dem Spiel.

Vor die Wahl gestellt zwischen falschen Gefühlen und Spannung, bevorzuge ich Spannung, und diese baue ich durch ein dringliches Problem der Figur auf, das sie mit Hilfe der Anwesenden zu lösen hat. Dieses Problem soll so brisant sein, dass alles andere inklusive des persönlichen Ichs für den Darsteller nicht von Belang ist.

Übrigens betonte Demidov in seinen späteren Werken die Wichtigkeit einer dem Schauspiel zugrundeliegenden Voraussetzung: das Heraushalten, gar die volle Abwesenheit des persönlichen Ichs des Darstellers beim Spielen, dessen Platz dann die Figur einnimmt, quasi wie eine schützende Maske. Ich bin vollkommen seiner Meinung, dass das persönliche Ich ein Störelement ist. Es ist ein psychologisches Paradox: Je weniger man dem Spiel seine eigene Persönlichkeit beimischt, desto leichter und überzeugender fällt das Spielen. Vielleicht ist das so, weil unser höchst geschätztes Ich ein starres soziales Konstrukt ist, etwas, was aus den gesellschaftlichen Erwartungen vom Verhalten, von den Kenntnissen und Fertigkeiten entsteht. Es ist nichts anderes als die eigene Gesellschaftsmaske. Unsere wahre Natur bleibt hingegen verborgen und konfrontiert mit dem Ich. Bereuen Sie nichts? Vermissen Sie nichts? Herrscht in Ihnen nicht der ewige Krieg zwischen Wollen und Dürfen? Vielleicht hilft Ihnen folgendes Bild: Unsere Persönlichkeit ist ein Schneckenhaus, das uns vor Feinden und Unwetter schützt, beherbergt, aber auch eingrenzt.

Wagt der Schauspieler mit seinem Weichteil heraus zu kriechen, gewinnt er eine berauschende Freiheit und kann sich nun für seine Figur nach Belieben ein anderes Häuschen suchen. Mehr sogar, schiebt man das Ich zur Seite, kommt das Lebendige, das Wahre zum Vorschein. Und ist die Jagd auf das Wahre nicht von jeher die selbstauferlegte Aufgabe eines Künstlers?

Gilt dieser Spielansatz für jedes Genre und jede Szene? — Ja. Der Unterschied bei den Genres liegt in der Natur des Problems — ein unüberwindbares, ein schwieriges, ein vermeintliches — und in der Weise, wie die Figur dieses zu lösen versucht.

Seit einiger Zeit vermeide ich bei der Szenearbeit die Worte *Vorhaben, Absicht, Ziel und Aufgabe,* obwohl man meinen könnte, dass ein Problem eigentlich die andere Seite der Absicht oder des Ziels sei bzw. eher ein Teil dessen Verwirklichung. Unsere Absichten entstehen aus intrinsischen, meistens unbewussten Motivationen sowie extrinsischen, uns von der sozialen Umgebung „auferlegten" Motivationen. Beides stößt aber immer auf die ziemlich harte und kantige Realität. Sobald wir also etwas erreichen wollen, sind wir sofort mit dem einen oder anderen Problem konfrontiert und müssen einige Hindernisse überwinden. Mehr sogar, laut Motivationspsychologen werden die Menschen durch bevorstehende Herausforderungen in ihren Handlungen angespornt, sofern sie nicht allzu groß erscheinen.

Die Begriffe *Vorhaben, Absicht, Ziel, Aufgabe* verorte ich auf der Ebene der Dramaturgie und Textanalyse; hier leisten sie einen hervorragenden Dienst. Fürs Schauspiel sind sie eher hemmend — worauf Stasberg, Meisner und Demidov zu Recht hinwiesen — weil sie sich aus Wünschen ergeben und daraus gespeist werden. Wir können über Wünsche reden und nachdenken; sie aber pünktlich zu Beginn der Abendvorstellung oder eines Takes am Set herzuzaubern, ist schier unmöglich.

In der praktischen Arbeit an einer Szene frage ich die Schauspieler „Was soll dein Spielpartner für dich machen, oder wie soll er sich verändern?" Anstatt „Was willst du tun?" frage ich „Was willst du haben?" Solche Fragestellung fokussiert den Spielenden auf den Partner. Gleichzeitig steuert es die Szene zu einem eindeutigen, fassbaren Ergebnis und lässt dabei dem Schauspieler freie Hand.

Meiner Erfahrung nach ist eine negative Formulierung wie *Problem* für einen Schauspieler greifbarer und hilft ihm, seine Handlung praktischer und glaubwürdiger zu verrichten. Das ist letztendlich natürlich, denn im Alltag denken wir nie über unsere Absichten oder Ziele nach, sondern erinnern uns an sie. Sie sind abstrakte, in Worte gefasste Konstruktionen, die unseren Begierden oder Ängsten ein Bild geben; sie sind unsere Orientierung und bleiben als solche am Rande des bewussten Handelns. Unsere Probleme sind dagegen immer konkret, gegenwärtig, aufdringlich.

Wenn ich Sie zum Beispiel fragen würde, wozu Sie morgens und abends fleißig die Zähne putzen, antworten Sie zunächst: „Für gesunde weiße Zähne." Das wäre ein Ziel, abstrakt und nicht besonders motivierend. Wenn ich allerdings nachbohre, wofür man denn unbedingt weiße und gesunde Zähne braucht, kommen wir der Wahrheit vielleicht etwas näher: Schlechte Zähne können schlimme Schmerzen verursachen, was an sich vielleicht nicht jeden oder nicht immer zum Zähneputzen animiert. Die unschönen, nicht strahlend weißen Zähne, ganz zu schweigen vom Mundgeruch, machen Sie womöglich weniger attraktiv; das ist ein starkes Motiv, das jedermann laufend im Hinterkopf hat. Das sind die potenziellen Probleme, die wir uns alle jeden Morgen oder Abend zu ersparen versuchen.

An dieser Stelle darf nicht in Vergessenheit geraten: Die Keimzelle jedes dramaturgisch erfassten Stoffes ist *das aufgetretene Problem, das dringend gelöst werden muss*. Man stelle sich vor, jede Figur hat in der Szene ein eigenes Problem und will die anderen dazu bringen, es zu lösen. Es muss ja krachen oder knirschen oder zischen! Ein Konflikt ist vorprogrammiert.

Ein offenes Ende

Man könnte meinen, dass ein heilloses Durcheinander entsteht, wenn jeder in der Szene seine eigene „Tagesordnung" verfolgt. Zum Glück passiert das nicht. Wenn das Prinzip *„Die Lösung meines Problems liegt in der Hand des Anderen"* durchgezogen wird, entsteht eine recht starke Verbindung zwischen den Spielpartnern. Sie werden zu ihrem gegenseitigen Objekt der Handlung, und der eigene Erfolg wird an den späteren Aktionen des Gegenspielers gemessen.

Unter Aktionen sind nicht nur konkrete Taten zu zählen; es ist nämlich in der Dramaturgie ziemlich selten, dass eine Figur ohne weiteres das ausführt, was von ihr gerade verlangt wird. Zu Aktionen zählen auch die in Worte gefassten Antworten genauso wie die nicht in Worte gefassten, emotionalen Reaktionen, sprich, Einstellungen zum Sachverlauf. Mehr sogar, solche nonverbale emotionale Einstellungen zum Beispiel Begeisterung, Mitleid, Reue, Angst und so weiter, sind die meist gewünschten und behandelten Ergebnisse der schauspielerischen Handlung. Diese Einstellungen bringen später die Entscheidungen und Taten hervor. Auch in Momenten, in denen kein Spielpartner da ist, wird es nicht anders gemacht, weil das Publikum dessen Platz einnimmt, real anwesendes oder potenzielles, wie zum Beispiel bei Dreharbeiten. In diesen Fällen wird an der emotionalen Einstellung der Zuschauer zur Figur, zur Sache gearbeitet.

Da wir aber nicht wissen, wie die anderen auf eine Tatsache reagieren oder was sie anschließend tun werden, können wir sie lediglich beeinflussen und dann abwarten. So ergibt sich ein weiterer wichtiger Aspekt des Systems: Ein Ereignis verändert die Situation, die wiederum *einen offenen Ausgang hat.*

Mehr noch: Ausschließlich dieser Aspekt, die unbestimmte Zukunft, hält die Spannung einer Vorstellung aufrecht und muss unbedingt durch Protagonisten kreiert werden. Leider ist es ziemlich schwierig, bloß mit Worten zu erklären, wie man es erreicht. Da bin ich an der Stelle d'accord mit der Tradition des Orients, die für erfolgreiches Begreifen der Lehre die Anwesenheit eines Meisters voraussetzt.

Nichtsdestotrotz versuche ich es wie folgt zu beschreiben. Der Schauspieler gestaltet seine Handlung als eine Art „Frage" an die Mitspieler: Was sie unter den neuen Umständen nun machen, ob sie ihm nun folgen oder nicht? In diesem Fall werden seine Spielpartner zu einer Entscheidung gezwungen und das Publikum wird angespornt, die Geschichte aufmerksam weiterzuverfolgen. So bekommt die Situation einen spannenden, offenen Ausgang.

Zum Trost der Schauspieler liegt die Last des Kreierens der Spannung nicht nur an ihnen. Zum Beispiel erzeugte Alfred Hitchcock in seinen Filmen eine Spannung dieser Art, die *Suspense*, fast ausschließlich durch eigene Regiemittel. Wenn wir aber unabhängig vom Glück, mit einem exzellenten Regisseur zu arbeiten, auf sicherem Boden in unserem Beruf sein wollen, müssen wir diese harte Nuss des *offenen Ausgangs* knacken.

Schwebt die Frage im Raum „Wie geht es nun weiter?", ist die Spannung definitiv da. Sie muss aber unnachgiebig gehalten werden, sonst verdunstet sie bedauerlich schnell. Das verhindert übrigens auch, dass der Schauspieler, nachdem er gerade seinen Part „fulminant" fertig gespielt hat, abschaltet und sich nun ein Päuschen gönnt, solange der Spielpartner schuftet — das Kennzeichen eines schlampigen Schauspiels, was leider gang und gäbe ist. Tut man dies, gehen die Zahnräder des Spiels gezwungenermaßen auseinander, und man darf mit der Spannung von null anfangen. Gut, dass man bei einem Film derartige Päuschen rausschneiden kann.

Wenn ich beim Unterricht meine Schüler bitte, eine spannende Geschichte zu erzählen, beobachte ich den Effekt des offenen Ausgangs, den Drift ins Unbekannte, besonders deutlich. Nicht jeder kann sofort aus eigener Erfahrung schöpfen, so schlage ich in der Aufgabenstellung vor, zunächst ein bekanntes Märchen heranzuziehen. Leider entwickeln sich die Erzählungen, von einigen wenigen Ausnahmen abgesehen, schlichtweg langweilig. Aber warum? Märchen sind eigentlich voller Abenteuer (sprich

Ereignissen), Archetypen und Motiven, die sie gerade klassisch machen. Meistens liegt es daran, dass die Schüler diese als eine Reihe von Fakten und Entwicklungen präsentierten, die zu einem allbekannten Schluss führen: Diese Märchen kennt doch jeder. Wenn meine Schüler aber aufgefordert werden, sich nur auf den gerade erzählten Moment der Geschichte zu konzentrieren und die darauffolgende Wendung zunächst einmal beiseite zu schieben, sie aber dennoch als Überraschungsmoment im Hinterkopf zu behalten und das gerade Erklingende im Raum wirken zu lassen, es auszukosten, funkelt auf einmal der Zauber der Worte, die Erzählung wird lebhaft und packend.

Die alten Meister sagten einst, um gut zu spielen, muss man *lernen zu vergessen*. Eigentlich logisch: im Unterschied zu den Schauspielern dürfen die Figuren genauso wie das Publikum nicht wissen, was auf der nächsten Seite des Stücks auf sie wartet.

Im Buch *The Psychology of Play* beschrieb Susanne Miller ein bemerkenswertes Experiment. Laborratten sollten einen Gang entlang laufen, der an einer Stelle abzweigte. Sie wurden aber nicht darauf trainiert, auf einen bestimmten Pfad zu laufen. Die Gänge waren identisch; der einzige Unterschied war ein bestimmtes Merkmal, das die Wissenschaftler per Zufall auf einen der Pfade setzten. Wie Sie sicher ahnen, wählten die Ratten meistens den Gang mit dem neuen Merkmal. Anscheinend ist es nicht nur Menschen angeboren, sich von Unbekanntem, Ungewöhnlichem und Rätselhaftem angezogen zu fühlen.

Beeinflussung

Das Ereignis mit einem offenen Ausgang ist also die Drehscheibe des Dramas. Die treibende Kraft der Geschichte ist der Schauspieler, der Tatsachen schafft, mit denen die Beteiligten nun umgehen müssen. Und hier stoßen wir auf ein weiteres wunderbares Wort *Tatsachen*, dessen Interpretation denkbar einfach scheint: Sachen, die durch Taten entstehen. Wichtig ist dabei, dass der Protagonist nicht nur für sich entscheidet, sondern für alle, er übernimmt die Verantwortung für den weiteren Verlauf der Situation und damit für die Schicksale der anderen Figuren. Er bestimmt auch neue Regeln und besteht auf deren Einhaltung. „Das Leben ist nun mal so!" Das verlangt nach Durchsetzungsvermögen, nach einer gewissen Führungsqualität des Schauspielers.

Es mag ein wenig überspannt klingen, ist aber eigentlich halb so wild: Wir alle besitzen genügend Potenzial, vergessen es nur oft durch unsere Erziehung und Sozialisierung.

Betrachten wir ein weiteres typisches Beispiel: Ein Kind ist mit seiner Mutter beim Einkaufen, sieht ein tolles Spielzeug oder eine riesige, verlockend glänzende Tüte Gummibärchen, greift nach ihr und will nicht mehr loslassen. Mama ist naturgemäß dagegen. In unserer „goldenen Kindheit" haben wir alle Ähnliches erlebt. Wie das Kind in unserem Beispiel, zögerten wir nicht zu schreien, zu heulen, zu flehen und uns auf den Boden zu werfen, oder sogar handgreiflich zu werden, um die Mama umzustimmen. Und dabei war es uns natürlich egal, ob Mama genügend Geld dabei hatte, ob es Zuhause schon genug Süßigkeiten gab oder ob ihr unser

Benehmen unsagbar peinlich war. Wir hielten die begehrte Beute in unserer warmen kleinen Hand und wollten sie um jeden Preis behalten. Manchmal mit Erfolg.

Auf solche Strategien kommt ein Kind natürlich nicht von ungefähr — es sind erprobte Strategien, die sich ein Kind schon im Säuglingsalter angeeignet hat. Nun, warum sie nicht immer wieder anwenden? Irgendwann lernten wir dann aber doch, dass so ein Verhalten nicht akzeptabel ist. Irgendwann wird uns die Meinung über uns, unser soziales Bild wichtiger, als ein kurzfristiger Gewinn. Wir erlernen Einsehen und Zurückhaltung, fügen uns einem kulturbedingten Verhaltensmuster und weichen im Normalfall Konflikten gänzlich aus.

Im Schauspiel aber dürfen wir endlich wieder unseren unbändigen Willen durchsetzen! Es ist doch nur *ein Spiel,* tut niemandem wirklich weh. Abgesehen davon, im Schauspiel gibt es keinen Normalfall, es gibt nur Ausnahmezustände, die nach dem entsprechenden Umgang verlangen. Wie wir bereits wissen, macht die Bewertung einer Tatsache das Ereignis aus. Das heißt, die Tatsache mag alltäglich aussehen, ihre Interpretation aber muss die Figur alarmieren. Gleichzeitig bedeutet das, dass der Protagonist für diesen besonderen Fall ein großes Maß an Energie aufbringen und sehr entschieden handeln muss.

Noch ein paar Erläuterungen zum Aufstellen neuer Regeln durch eine Figur. Es klingt auf den ersten Blick abstrakt und kompliziert, ist es aber bei Weitem nicht: Im Grunde stellen wir Menschen in unserem Sozialleben ständig neue Regeln auf. Um das zu verdeutlichen, kehren wir zurück zum Beispiel mit dem

Kind, das auf dem Boden fällt und je nach Reaktion der Eltern weint oder lacht. In seinem Alter hat es noch keine eigenen Einschätzungsmuster für solche Situationen, übernimmt diese dementsprechend von anderen und speichert sie ab. Ganz einfach, bevor wir die Bedeutung des Geschehens nicht realisieren, wissen wir nicht, was wir damit anfangen sollen. Tausende und abertausende Einschätzungen, die wir im Laufe unseres Lebens übernehmen und übergeben, formen ein unsichtbares, sehr starkes und bestimmendes Netz der „allgemein gültigen Norm". Dieses Netz ist aber nicht erstarrt, neue Knoten kommen immer wieder hinzu, wobei die alten zerfallen und jeder Mensch trägt seinen Teil dazu bei. Für uns ist wichtig, dass *jede Person in der Lage ist, einer Tatsache eine Bedeutung zu verleihen oder eine solche zu ändern*. Und nicht zu vergessen: Diese Bedeutungen geben wir an unser soziales Umfeld weiter.

Mit zunehmendem Alter und Erfahrung wächst auch die Fähigkeit, einer Tatsache eine Bedeutung anzuheften und von anderen einzufordern, dementsprechend zu handeln. Es kann auch als *Haltung beziehen* beschrieben werden. Denken Sie kurz nach, was die folgenden Sätze mit uns machen: „Du muss es dir unbedingt ansehen!", „Das ist mir jetzt egal.", „Jetzt werde ich aber richtig sauer!", „Stell dich nicht so an!", „Wenn du brav bist, ...". Solche Sätze erklingen in unseren Gesprächen zigmal pro Woche und sind nichts anderes, als die Aufforderung, angesichts der besonderen Einschätzung einer Tatsache, etwas Bestimmtes zu unternehmen oder wenigstens sich auf eine bestimmte Weise zu verhalten. Ist es nicht dasselbe, was ich von einem Schauspieler verlange?

Wenn Sie jemanden anderen oder noch besser sich selbst dabei beobachten, bemerken Sie, dass ein *Haltung beziehen* mit einer bestimmten Körperhaltung einhergeht. Hier handelt es sich um ein fürs Schauspiel sehr wichtiges Phänomen. Davon leiten sich mehrere Techniken zur sicheren Handhabung der Haltung der Figur ab, was ihrerseits ein Schlüssel zur schauspielspezifischen Handlung ist. Im Schauspiel *soll jede Handlung in eine Haltung münden.*

Sackgasse des Gefühls

In der Darlegung meiner Schauspiel-Methode betrachteten wir bis jetzt die Momente, in denen mehrere Figuren in einer Szene anwesend waren, sodass Schauspiel immer ein Zusammenspiel zwischen dem Schaffen einer Tatsache, dem Bestimmen ihrer Bedeutung und der Anerkennung dieser Bedeutung durch die Anwesenden war. Diese Anerkennung ist ein unabdingbarer Teil des Schauspiels, ohne sie bekommt man keinen situationsgebundenen Impuls für die nächste Handlung. Es ist ein ausgewogenes Geben und Nehmen.

Das Geben beschrieb ich hinreichend detailliert, aber was ist mit dem Nehmen, oder, wenn wir bei Tovstonogovs Dreitakt-Formel bleiben, mit dem ersten Takt, der Bewertung? Ohne Zweifel, die Bewertung oder, etwas allgemeiner, die emotionale Reaktion, macht den Zauber des Schauspiels aus: In dieser Tüte tummeln sich Tränen, Lachausbrüche und der wilde, göttliche Zorn. Sie verführt schier jeden, sowohl das Publikum, als auch die

Künstler und wird insgeheim zum Ziel und Gipfel der kreativen Arbeit und Schauspielausbildung.

Leider schaffen es nur die wenigsten zum Gipfel und, dorthin immer auf Anhieb zu gelangen, ist nur Auserwählten vorbehalten. Warum? Die Antwort scheint einfach zu sein: Die Voraussetzungen dafür sind angeborene Fähigkeiten der Psyche, etwa Labilität, Emotionalität, Temperament, Empathie, sprich Talent, obgleich schauspielerisches Talent viel breiter definiert wird. Ich denke, dass außerdem die Kultur und insbesondere die herrschenden soziokulturellen Normen hinzukommen, die alle hinnehmbaren Ausdrucksweisen stark beeinflussen. Dennoch gibt es unter den Schauspielern genug emotionale und temperamentvolle Individuen, die dennoch nicht alle emotional und mitreißend spielen. Etwas hindert sie daran. Die Tatsache, dass es so wenig gute Schauspieler gibt, lässt mich behaupten, dass die *Bewertung* in der Schauspiellehre von vielen Meistern etwas verdreht behandelt wurde, was in eine Sackgasse führte.

Die berühmten *Repetition und Emotional Preparation* von Meisner sollen einem Schüler vermitteln, impulsiv auf die Wahrheit über sich selbst, die der Spielpartner ihm gerade ins Gesicht sagt, zu reagieren, sich emotional zu sensibilisieren und im Nachhinein darauf einzustimmen, auf diese bestimmte emotionale Weise zu spielen. Das *affektive Gedächtnis* von Strasberg, das die gespeicherten emotionalen Einstellungen in die Spielsituation einbringen soll, die szenischen Etüden von Demidov, die Schauspieler darauf einstimmen, auf die Wahrnehmung kleinster seelischer Regungen zu achten und diesen zu folgen, das „was wäre, wenn" von Stanislawski, etc. - all diese Techniken beschäftigen sich mit der emotionalen Bewertung einer Tatsache seitens des Schauspielers.

Die Schwierigkeit liegt darin, dass die Einschätzung eine höchst private Sache ist. Dem einen gefällt die Farbe Rot, dem anderen Gelb, einer liebt Schweinebraten, der andere Grießbrei. Andererseits sind die Bewertungen der Figur durch ihre Gefühle bereits im Großen und Ganzen vom Autor oder Regisseur vorgegeben.

Die andere Schwierigkeit: Die Lage der Figur ist dem Schauspieler meistens fremd und regt ihn nicht wirklich an. Wenn der Schauspieler aber des Geschehen nicht persönlich einschätzen kann, erregt die Situation keine Gefühle und sein Spiel wirkt gezwungen. So kommt man zu folgendem weitverbreiteten Urteil: Ein Schauspieler muss sich in die Figur hineinversetzen, die vorgegebenen Situationen glauben und darin besteht im Endeffekt sein Talent. Das bestreite ich auch nicht; diese Fähigkeiten, die Empathie und Hingabe sind ein Teil des schauspielerischen Talents und ohne Talent hat man in der Kunst sowieso nichts zu suchen.

Dennoch kann kein System sich auf reines Talent stützen und in diesem Buch geht es um ein System des Schauspiels, das sogar bei einer in geringerem Maße vorhandenen Begabung dabei helfen soll, gut zu spielen.

Versuchen wir mal aus dieser Sackgasse herauskommen. Zunächst aber zwei kleine Anekdoten.

Vor einiger Zeit besuchte ich eine Aufführung des „Heiratsantrages" von Tschechow. Zu Beginn des Stückes sprach der zukünftige Bräutigam über die dringende Notwendigkeit seines Heiratsantrages, kurzum er erklärte seine Situation und seine Umstände. Für mich war es eine Qual, so schlecht wurde gespielt; eine wilde Mischung verzogener theatralischer Gefühlsschablonen, von denen einige auf einzelne Wörter geschmiert wurden, weil der Darsteller und die Regisseurin wohl der Meinung waren, dass es den jeweiligen Umstand lebendig macht. Die Situation der Figur, die mit diesen Umständen vom Autor umkreist wurde, blieb dem Darsteller gnadenlos fern wie der Mond des Jupiters. Ich wollte aufstehen und gehen. Das einzige, was mich zu bleiben veranlasste, war der Gedanke: „Ich könnte die Analyse dieser Vorstellung für meine Schauspielstudie verwenden". Bald trat die zweite Figur ein, der Vater des Mädchens, ein noch schlechterer Darsteller. Plötzlich fand der erste Schauspieler einen Weg, zwar einen sehr einfachen, aber durchaus passenden. Aus lauter Angst, zu versagen konnte seine Figur nichts tun. Also suchte er mit großem Elan den passenden Moment, die passende Konstellation, das passende Wort. Wider Erwarten entstand eine spielerisch komische Situation. Klar, es waren nur Possen, dennoch war es ein lebendiges Spiel und sein schlechter Stil konnte wenigstens ausgeblendet werden. Das Spiel war kurzlebig und drohte immer wieder durch das falsche Mimen des Vaters zu platzen, doch der Bräutigam fing es immer wieder ab. Auch die Darstellerin des Mädchens vermochte oft genug, den Spiel-Pfad zu finden und wieder zu verlieren. So lief die ganze Vorstellung: kurzes Spiel, kurzes Schmunzeln, dann die falsche Aktion, die hineingepfuscht und nicht dem Spiel entsprungen war, dann wieder kurzweiliges Spiel.

Die Vorstellung hinterließ einen verwirrenden Eindruck. Waren die Darsteller gut? Anscheinend waren sie begabt genug, um immer wieder den Funken des Spiels zu zünden. Waren sie schlecht? Unbestritten, denn überzeugendes homogenes Spiel schufen sie nicht, daran hinderten sie wohl ihre schlechte Ausbildung und falsche Praxis. Aus dieser Erfahrung lässt sich eine Regel ablesen: Solange ein Schauspieler eine elementare, kleinstmögliche, ihm bekannte und praktische Aktion ausführt, die von einem äußerlichen und einem innerlichen Umstand herbeigerufen wird (zum Beispiel die Verfassung des Vaters und die entsprechende Angst, etwas falsch zu machen), ist er in der Situation drin und „glaubt" daran — präzise gesagt, er „lebt" sie. Sobald er an einen Umstand oder eine vermeintliche Wendung *denkt* und versucht das Gedachte, bewusst *auszudrücken*, ist er aus dem Spiel raus und gezwungen, sich der Klischees zu bedienen.

Zweite Geschichte. Ich studierte noch und bekam die Aufgabe, für den Schauspielunterricht eine Lebensgeschichte für meine Figur, einen alten Bauern aus dem vergangenen Jahrhundert zu kreieren und anschließend zu präsentieren. Als der Tag der Präsentation kam, war ich ziemlich schlecht vorbereitet und konnte nur vier oder fünf aus Büchern herausgezogene Fakten zusammenzimmern; nichts war mir wohl fremder als das Bauernleben. Eine Minute vor dem Auftritt fischte ich aus einer Truhe mit verschiedensten Requisiten einen Hut heraus — es schien mir zum Bauernbild passend — und spürte, dass sich in mir etwa in der Brustmitte ein Brennen entfachte. Mit diesem Brennen und null Vorstellung, was ich machen würde, betrat ich den Unterrichtsraum. Auf der einen Seite des Zimmers saßen meine Kommilitonen und ein Dozent an Tischen, der Rest des Zimmers war leer. Diese Leere war sehr ungemütlich, doch das Glühen in meiner Brust machte mich munter. Frech nahm ich einen Stuhl und setzte mich dem Dozenten gegenüber an den Tisch — so benimmt sich ein Bauer, dachte ich, wenn er mit jemandem über private Sachen reden will. Ich nahm den Hut ab. Da waren nur das Brennen im Inneren und die Handvoll Fakten, die ich nun vorhatte zu präsentieren. Interessanterweise störte mich dieses Brennen nicht, gab mir gar Halt, füllte mein Dasein in diesem Moment. Ich begann langsam zu erzählen was mit mir, dem Bauern geschah, und beobachtete mit seltsamer Freude, wie das geheime Brennen all meinen Worten eine Überzeugungskraft und Echtheit verlieh. Bald gingen mir die Fakten aus, aber im Raum herrschte noch eine bedrohliche Stille. Dann sagte der Dozent: „Eine starke Arbeit".

Dieser Fall stellte mich vor eine niederschmetternde Tatsache: Ist das der Schlüssel zu jeder Rolle? Denn das, was ich spürte, hatte weder mit dem Bauern, noch mit seinen Umständen, noch mit seinen Gefühlen zu tun. Es war mein eigenes von gar nichts bestimmtes körperliches Empfinden, ausgelöst durch die Aufregung vor dem Auftritt und dem Risiko. Erst nach langer

Zeit und mehreren Versuchen konnte ich bestätigen: „Ja, das ist der Schlüssel". Das Glühen kann ich mittlerweile frei in mir hervorrufen, wenn ich im Kopf konzeptlos und im Körper hellwach vor dem Publikum auftrete. Auf diesem Glühen kann ich jedes Gefühl aufbauen, etwa wie unter einem leichten Tuch kaschieren. Oder ich kann eine passive Haltung annehmen, die Tür zum Unterbewussten offen lassen und schauen, was hochkocht.

Sie fragen sich sicherlich, was haben eigentlich diese zwei Beispiele gemeinsam? Nun, in beiden Fällen gab es eine innerliche, vom Schauspieler mitgebrachte, tief greifende *Bereitschaft, ins Ungewisse aufzubrechen*, eingeleitet von einer echten Aufregung. Im Grunde ist es die Quelle der hochgeschätzten Ausstrahlung, Raumpräsenz, Gewahrsein etc. Gleichzeitig war da eine restlose *Beschäftigung mit dem nächsten Schritt*, der von realen im Spielraum bereits existierenden Tatsachen bestimmt wurde. Die formale Situation, der Text, das Genre, die Stilistik oder die noch aufkommende Wendung erscheinen erst später.

Kommt man hier aus der Sackgasse heraus? Aktivitätsmodi.

Schauen wir den Prozess der Situationsbewertung genauer an. Erstens: Wenn eine Tatsache, mit einer gewissen *Bereitschaft anzupacken*, akzeptiert wird, wird ein starkes Signal an das Unterbewusstsein gesendet, dass diese Tatsache wohl eine große Veränderung mit sich bringt. Dementsprechend gibt die Steuerungszentrale grünes Licht für die Freisetzung einer gehörigen Portion psychischer Energie. Das Publikum merkt übrigens sofort, dass die Figur im Alarmmodus ist, was automatisch heißt, es passiert etwas außergewöhnlich Wichtiges.

Zweitens: Nach der Wahrnehmung der Tatsache ändert sich die Gefühlslage eines Menschen nicht sofort und schon gar nicht immer, sondern vor allem *der Aktivitätsmodus*, den ein Schauspieler *bewusst* einsetzen kann.

Was ist dieser Aktivitätsmodus?

Sagen Sie bitte laut so etwas wie: „Wa-a-as?!", „Ah, nö.", „Tja.", „Wie, bitte?", „Alter Schwede!", „Stopp, stopp, stopp!", „Na ja!", oder vielleicht einen anderen Kraftausdruck, der nicht gerade in ein anständiges Buch gehört. Was geschieht? Ihre psychische Haltung hat sich verändert. Sie können sich nun eine Reihe ähnlicher Aufrufe zur Verstärkung des jeweiligen Ausdrucks leicht vorstellen. Zum Beispiel „Wa-a-as? ... Das glaube ich nicht! ... Was sagst du nur?! ... Das ist Käse!" Sie können den Spaß oder den Ärger weiter ankurbeln oder gleich halten. Sie haben nun Optionen, wie Sie es weiter haben wollen. Dabei ist auch Ihre Körperhaltung anders geworden und Sie können sich bestimmt einer Geste bedienen oder einer Drehung, einer Beugung, die den jeweiligen Ausdruck verdeutlicht. Und all das können Sie ganz bewusst machen. Voilà: Sie sind in einem neuen Aktivitätsmodus!

Es ist eine bewusste Haltung, die wir gerade kennen und beherrschen, die die optionalen Entwicklungen einer Situation aus unserer Sicht einkreist. Übrigens, Sie haben gerade einen bekannten Ausdruck laut ausgesprochen — was ich hoffe —, und nicht, weil Sie in einer entsprechenden Situation steckten, sondern, weil ich Sie darum bat. Das ist die Lösung! *Eine konkrete Situation kann man ausklammern* oder besser gesagt *umtauschen*.

Jeder Mensch hat einen eigenen psychischen Speicher, aus dem er eine beachtliche Menge an Haltungen herausfischen kann, die zu einem gewissen Spektrum der Situationen passen würden. Nur zu. Es heißt, ein Schauspieler kann aus seiner eigenen Erfahrung immer eine Ähnlichkeit zu der gespielten Situation und dementsprechend eine Palette der Aktivitätsmodi finden, in denen er *sicher* ist. Eine Haltung anzunehmen, gelingt nur mit einer nicht gerade unbedenklichen Anstrengung und verlangt daher eine Überwindung ab, aber das ist für jeden zugänglich.

Im Grunde haben der Aktivitätsmodus und das Gefühl die gleiche Funktion und Natur: sie sind eine komplexe Antwort unseres Wesens auf eine veränderte Situation. Der Unterschied zwischen beiden liegt in der Tiefe ihrer Entstehungsorte. Für den Aktivitätsmodus ist es die nonverbale, aber noch bewusst wahrnehmbare und steuerbare Ebene der Psyche. Der Ursprungsort eines Gefühls liegt im unterbewussten, unzugänglichen Teil der menschlichen Natur, auf die wir kaum Einfluss haben, sondern im Gegenteil, sie hat uns ziemlich im Griff. Wenn ein Gefühl emporkommt, ist das einzige, was wir auf der bewussten Ebene entgegensetzen können, obgleich es auch einen langen Lernprozess voraussetzt, ein Veto gegen freien offenen Lauf, also eine Verdrängung.

Ich bin mir sicher, dass man gerade wegen der gleichen Natur des Aktivitätsmodus und des Gefühls, durch Ersteres Zweiteres erreichen kann. Gleichzeitig bin ich überzeugt, dass Gefühl — oder meist eher der damit gemeinte Affekt — im Schauspiel ein Ausdrucksmittel ist, das nur sparsam anzuwenden ist, und schon gar nicht als Krönung des Könnens und dementsprechend als Ziel fungieren darf. Ich kann nur nochmal betonen, dass sobald sich ein Schauspieler auf die Gefühle konzentriert, er zwingend lasch bis peinlich wird und aus dem Spiel herausfällt. Vergessen Sie nicht, ein Gefühl entsteht für eine passende Anschlusshandlung! Gefühle zu üben, ist sinnlos, Aktivitätsmodi dagegen, zwingend erforderlich. Ich würde sogar so weit gehen und behaupten, dass die Aktivitätsmodi das Hauptwerkzeug des Schauspielers sind und die von ihm beherrschte Vielfalt und die Schnelligkeit, mit der er zwischen zwei Modi hin und her schalten kann, einen Meister ausmachen. Eine geradezu meisterhafte Adaption dieses Prinzips kann man bei Philip Seymour Hoffman beobachten. Alles, was seine Figuren sagten oder machten, entsprang einem lauernden Gefühl — Aktivitätsmodus — und blieb wie Wellen auf dem tiefen, dunklen und gefährlichen Ozean.

Des Weiteren bin ich der Meinung, dass die Aktivitätsmodi das Ziel der bekannten psychologischen Geste von Michael Chekhov sind. Er erfasste den Zusammenhang zwischen der Körperhaltung und dem psychischen Zustand und entwickelte eine Methode, mit der man die psychischen Zustände und den Übergang von einem zum anderen durch Gesten und Bewegung üben und gestalten konnte. Da er aber unter großem Einfluss von Stanislawskis Lehre stand, tarnte er seine psychologische Geste als Handlung. Ich betrachte dieselbe Sache aus der anderen Perspektive. Wie Sie bestimmt ahnen, ist für mich die psychologische Geste eine Vorbereitung auf ein ausgewähltes Spektrum möglicher Handlungen und somit eine *Haltung*.

Der psychische Zustand als eine Antwort auf eine Situation kann ausschließlich durch den Körper realisiert werden, falls wir Psyche und Körper überhaupt getrennt voneinander betrachten wollen. Dieser Zustand *kann* zur Handlung werden, sobald die

Aktivität einen Empfänger hat und wir uns dafür entscheiden. Folgerichtig hat dann jeder Aktivitätsmodus seine eigene Körperhaltung oder produziert im Körper bestimmte, manchmal auch sehr kleine Spannungen.

Chekhov spürte mit seiner Hypersensitivität schon bei leichten Fingerbewegungen oder einer subtilen Kopfneigung einen Unterschied zwischen den Gemütslagen. Er suchte und übte Körperhaltungen und Bewegungen für bestimmte Gefühle, um später die Gestalt der psychologischen Geste im Inneren hervorrufen zu können und damit das emotionale Gerüst fürs Spiel zu schaffen.

Es gibt aber auch einen Weg in die Gegenrichtung, nämlich, nicht die bestimmten Gefühle im Körper zu suchen, sondern den Körper zu trainieren, jede eingetretene psychische Anregung zu offenbaren, zu verstärken, zu halten. Dieses bewusste Halten ist eine durchaus nützliche Eigenschaft, denn es lässt einen Schauspieler unterschiedliche Aktivitätsmodi verdeutlichen und steuern. Dabei möchte ich noch betonen, dass dieses Halten nichts mit Stoppen zu tun hat, sondern umgekehrt, mit dem Leiten der psychischen Impulse im Körper durch eine spezifische Körperspannung. Es entspricht der Natur der Gefühle, die in unserer Psyche nicht erstarren, sondern wie Wellen wogen und rollen, und macht die eigentliche Aufgabe derer deutlich, nämlich in eine Handlung zu münden, die nur körperlich ausgeführt werden kann. Wird die Handlung nicht ausgeführt, so lässt das Gefühl schnell nach oder wird von einem anderen ersetzt. Schickt man dieses Gefühl oder präziser gesagt den Vorboten, die Aufregung, auf Wanderung durch den Körper, kann es eine längere Zeit erhalten und im richtigen Moment im Spiel angewandt werden.

In diesem Zusammenhang muss man auch eine nicht selten angewandte Methode erwähnen, und zwar „Körper für die Figur finden". Sie beruht auf der Tatsache, dass die gewöhnlichen oft wiederholten Verhaltensschablonen (Aktivitätsmodi) und die entsprechenden Muskelspannungen den Körper zu einer andauernden Körperhaltung zwingen und diese wiederum die Einschaltung der gleichen Aktivitätsmodi begünstigt. So wird dieser Schaltkreis zur zweiten Natur, zum Hauptzug des Charakters. Findet ein Schauspieler diese Körperhaltung, kann er daraus alle anderen, kleineren, kontextbezogenen Aktivitätsmodi ableiten. Ein Meister dieser Methode ist der exzellente Eddie Redmayne, der in jeder Rolle einen anderen „Körper" einnimmt.

Des Weiteren befindet sich ein Schauspieler beim Spielen in einem besonderen Aktivitätsmodus, der als Schirm alles andere abdeckt: in einer erhöhten Bereitschaft etwas Neues oder Großes zu bewältigen. Sie ist die Basis. Streng genommen ist es ein sogenannter Orientierungsreflex, der bei allen Tieren vorkommt und ziemlich leicht zu aktivieren ist.

Interessant in diesem Zusammenhang ist die Erforschung der orientalischen Darstellungskunst von Eugenio Barba. Er legt ausführlich dar, wie man gänzlich ohne Psyche durch das bloße Zusammenspiel der Körperteile eine Grundspannung erreicht, was eine erhöhte und konstante Aufmerksamkeit der Zuschauer auf den Darsteller erzeugt.

Nun zurück zum Bewertungsteil des Schauspiels. Der Schauspieler nimmt eine Sachlage wahr — im Glücksfall wird er vom Spielpartner hineingezogen — und schaltet einen bestimmten, der Figur und dem Moment entsprechenden Aktivitätsmodus ein. Die Auswahl kann man mit dem Regisseur absprechen oder sie aus dem Bauchgefühl entspringen lassen, sie ist nicht willkürlich und trotzdem frei. Je mehr Empathie der Künstler besitzt, desto vielfältiger und feiner sind die von ihm beherrschten Aktivitätsmodi, desto freier und manchmal verblüffender ist seine Auswahl. So bekommt die Figur eine überraschende und doch stimmige Haltung und wir bekommen einen Ausweg aus der Sackgasse der so ersehnten aber nicht steuerbaren Gefühle. Die Figur ist nun bereit, die Initiative zu übernehmen. Wissen Sie es noch? Jede Handlung mündet in eine Haltung und jede Haltung soll in eine Handlung münden.

Entscheidungen

Wir sind nun an einer „Zweitakt"-Formel angekommen: Haltung-Handlung. Es steht in keinem Widerspruch zu der Dreitakt-Formel von Tovsonogov, denn die beiden ersten Takte haben die gleiche Natur: Sie sind Haltungen, bloß die Bewertung speist sich aus der Vergangenheit und die Entscheidung von der Zukunft. Ich werde aber nicht müde, zu betonen, dass die Haltung nicht zum Selbstgebrauch da ist; die Haltung veranschaulicht dem Spielpartner und dem Zuschauer permanent die Sicht der Figur von der Sache, damit die Spielpartner und die Zuschauer diese nicht so einfach abschütteln, abstreiten können. Deswegen nenne ich es *Aktivität*smodus. Innerhalb dieser Phase findet eine aktive Beeinflussung der Anwesenden statt.

Was geschieht nach dieser Phase? Sobald der bei den Proben abgesprochene Zeitpunkt kommt, beginnt der Schauspieler unter Verwendung der ganzen Körperkraft zu handeln. Das heißt, die Entscheidung ist eine Vorbereitung auf ein konkretes Vorgehen. Mit anderen Worten; es ist nur dann „richtig gespielt", wenn der Körper bereit ist, die Entscheidung unmittelbar in praktischen Schritten auszuführen.

Ich erwähnte kurz die großen Schauspieler, die vor einer wichtigen Entscheidung eine lange Pause einlegen können, präziser gesagt, für die Entscheidung viel Zeit einräumen, um damit die Spannung zu steigern. Unerfahrene Kollegen versuchen dies oft auch und machen dabei einen Fehler: Sie meinen, wenn sie eine Pause in die Länge ziehen und eine Zeit nachgrübeln, würden die Zuschauer ihnen diesen Moment schon gönnen. Besonders oft passiert das bei einem Monolog und das ist natürlich besonders fatal. Das Publikum gönnt nichts, wenn es sich nicht ins Geschehen einbezogen fühlt, und wartet höchstens höflich, normalerweise eher gelangweilt, bis es weiter geht. Solche Schauspieler spielen „alleine", sie erreichen ihr Publikum nicht, was die Folge einer generellen Fehleinstellung ist.

Über diese Fehleinstellung reden wir später ausführlicher, hier sei nur erwähnt, dass der Grund einer unerfüllten Pause bei Schauspielern oft in ihrer mangelnden Fähigkeit liegt, den eigenen Körper auf unterschiedliche Aktivitätsmodi einzustellen. So sind sie wortwörtlich nicht bereit, das Richtige zu tun, und müssen entweder auf den fehlenden Impuls warten oder lügen, wenn er doch nicht kommt. Die Besten unserer Zunft sind dagegen mit ihren Entscheidungen unaufhaltsam und gnadenlos wie ein rasender Zug und bahnen den Weg für viele Schicksale. Man kann sagen, dass die Entscheidung eine konzentrierte Energie ist, die der Schauspieler in die Zukunft richtet. Was er damit erreicht, zeigt dann die nächste Szene.

Kapitel 4

Einstellungen. Langweilig aber unabdingbar

Wenn man heute ein elektronisches Gerät kauft, muss man erst die Grundeinstellungen vornehmen, sonst funktioniert es nicht. Die Verheißungen der Hersteller „Anschließen und sofort loslegen!" gaukeln falsche Tatsachen vor, nämlich, dass die nötigen Ersteinstellungen im Hintergrund und automatisch ablaufen. Obwohl der Mensch um einiges komplizierter ist als ein elektronisches Gerät, bedeutet dies nicht, dass er vor dem Loslegen keine Einstellung braucht. Im Gegenteil, denn bevor ein Mensch aus der Sicht der Gesellschaft voll funktionsfähig ist, vergehen 16 bis 18 Jahre. Also, zurück auf Anfang.

Wie kommt jemand auf die Idee, Schauspiel zu erlernen? Manche bilden sich natürlich ein, schön zu sein, dieser Grund reicht ihnen schon vollkommen aus. Klammern wir diese oft von persönlichem Geschmack geprägte Tatsache jedoch aus. Was bleibt dann? Der Drang im Rampenlicht zu sein, ins Zentrum der Aufmerksamkeit zu rücken? Warum? Wollen wir dabei beweisen, dass wir mehr sind, als das, was andere von uns halten?

Zwischen dem Ich und der sozialen Umgebung besteht jedenfalls permanent ein Spannungsverhältnis. Viele Künstler sagen von sich, wären sie nicht bei der Kunst gelandet, dann im Knast. Seit Freud wissen wir, jede psychische Spannung verlangt nach einer Befriedigung. Aus irgendeinem Grund können Theaterschaffende die Befriedigung ihrer tiefen psychischen Spannung anscheinend nur in dieser eher ungewöhnlichen Form erreichen.

Mein Motto: Schauspiel ist eine Diagnose. Das ist aber nur die halbe Wahrheit. Das Schauspiel *beginnt* als Diagnose und wird, wenn man Glück hat, zur Berufung oder, wenn man kein Glück hat, zum Fluch. Nicht von ungefähr sind Schauspieler für ihren exzessiven Lebensstil berüchtigt — man muss doch irgendwie die Spannung abbauen, obgleich das oft nicht der einzige Grund ist.

Mehrere Psychologen, die Kreativität erforschen, stellen fest, dass Menschen mit einem ausgeprägten künstlerischen Wesen dazu neigen, die Grenzen, Konventionen und die starren Schemata der Gesellschaft zu überschreiten. Diese Reaktionen sind nicht verwunderlich, denn in der Natur gibt es keine Konventionen oder immerwährende strenge Grenzen und die Künstler haben die Gabe und streben aus dem tiefsten Inneren danach, lieber die Natur und die Wahrheit als deren gängige Beschreibung zu sehen.

Die Ausgangssituation ist also folgende: Wir empfinden einen innerlichen Druck und wollen uns davon befreien. Wie kann man sich diese Befreiung vorstellen? Ich vermute, folgende Bilder sind ziemlich typisch: fliegen (sehen Sie mal, wie viele Fotos von Menschen mitten im Sprung in sozialen Netzen veröffentlicht sind), wie ein Fisch schwimmen, einen Gipfel besteigen und den Sonnenuntergang anschauen oder nackt herumlaufen — das war es schon. Dabei sind die festen Bestandteile dieses Traumbildes das Glücksgefühl, eine offene erfüllte Emotionalität und ein Gefühl der Freiheit.

Dementsprechend ist das erste, was alle Schauspiellehrlinge anstreben, ihre meist negativen, unter dem besagten Druck angestauten Gefühle, laut und ungestört öffentlich auszukotzen; oder, wenn es doch um positive Gefühle geht, jene genauso laut, ungestört und euphorisch öffentlich herauszulassen. Wenn sie es sich endlich trauen, sind sie verdutzt, warum ihr Spiel nicht ankommt. Den Zuschauern ist es meistens so peinlich, dass sie wegschauen müssen. Die Ursache ist klar: Private Gefühle haben nichts beim konkreten Spiel zu suchen. Es ist eine Art seelische Hygiene, die, vergleichbar mit körperlicher Hygiene, für fremde Augen eher selten appetitlich aussieht. Eine unerfreuliche aber unausweichliche Erkenntnis, die wohl jeder machen muss.

Wenn man den Befreiungsschlag schon hinter sich gelassen hat, kommt eine Phase, die leider bei sehr vielen nie endet. Ich nenne sie *Illustrieren* oder *Darstellen*. Letzteres ist zwar ein Synonym für *Schauspiel*, vermittelt aber eine statische Situation: Man bringt etwas zum Ausdruck, was schon da *ist*. *Schauspiel* deutet dagegen auf ein Spiel hin und jedes Spiel besitzt eine Dynamik, es entwickelt sich, und wie es ausgehen *wird,* ist nie von Anfang an klar. Ich definiere folglich *Darstellung* als statisch und obwohl sie kunstvoll und ästhetisch wertvoll sein kann, fehlt ihr die Auswirkung auf den Verlauf der Geschichte und somit die ureigene Charakteristik jeder Handlung.

Als gutes Beispiel nehme ich die künstlerische Entwicklung des von mir geschätzten Jannis Niewöhner. Er ist nun unbestritten bei der Elite der deutschen Filmschauspieler jüngerer Generation angelangt; ich erlaube mir, einen direkten Vergleich seiner Leistungen in *Smaragdgrün* 2016 und *High Society* 2017 zu ziehen: Er zeichnet hier klar den Übergang zwischen Darstellen und

Spielen. Meiner Meinung nach konzentrierte er sich als Darsteller in *Smaragdgrün* darauf, „richtige Bilder zu produzieren", was auch immer er und die Direktoren des Filmes unter dem „Richtigen" verstehen mochten. Mit seiner Aufrichtigkeit beim Dreh, vorhandenem Talent und der unnachgiebigen Entschlossenheit, der Figur etwas Menschliches einzuhauchen, hebt er sich sichtbar von vielen Kollegen ab; dennoch wirkt seine Figur in den meisten Szenen hohl. Eine Ausnahme bilden die Kampfszenen, wo er mit vollem Elan einsteigt. Man kann erkennen, dass diese Momente auch für ihn privat etwas bedeuteten. Vielleicht pflegte er hier sein schauspielerisches Image. Andererseits verlangen solche Szenen von der Darstellung keine psychologischen Nuancen. Sein Spiel in *High Society* ist dagegen voll von psychologischen Nuancen. Hier wagt er es, die Bilder zu vernachlässigen, und mit den Partnern am Set sorglos wortwörtlich zu spielen. Und genau dieses freie, lebhafte Spiel, das automatisch die Spielenden zueinander bringt, macht die Nuancen, Anmut und Lust weiter zu machen aus — und weiter zu gucken! Ich weiß nicht, ob und wie Jannis Niewöhner diese neue Herangehensweise definiert. Meiner Meinung nach, ist die Definition, das bewusste Benennen des Unterschieds wichtig und kann Niewöhner gegen mögliche — und leider bereits eingetretene — Rückfälle helfen.

Ich würde sagen, er produziert hier keine Bilder, sondern Eindrücke. Sprachlich ist der Unterschied nicht allzu groß, inhaltlich aber entscheidend für unsere Kunst, denn die Eindrücke entstehen wohlgemerkt bei den Rezipienten.

Wieso ist die Phase *Darstellen* kaum vermeidbar und wieso schaffen es nur wenige darüber hinaus? Es liegt leider in unserer Natur. Schauen wir uns dieses Phänomen näher an, um zu verstehen, gegen welche Widerstände man zu kämpfen hat.

Man zeigt, was man kann

Die menschliche Entwicklung und der damit verbundene Lernprozess sind auf die Wiederholung des Verstandenen, des Bemerkten angewiesen. Dementsprechend entsteht von der frühesten Kindheit an eine gewisse „Schülerhaltung": Man will dem Lehrer oder der Vertrauensperson *zeigen*, was man alles weiß und kann. Bei jeder unsicheren Situation, in der wir etwas erreichen sollen, fallen wir automatisch wieder in dieses Muster und suchen ein positives „Bestanden" von der Referenzperson. Dies bedeutet, das Objekt des Schaffens aus seinem Kontext herauszunehmen und zur Bewertung parat zu halten. Es heißt, dass Schauspieler, die ihre Schwierigkeiten beim Spiel haben, und das sind wohl am Anfang alle, ins Darstellen abrutschen, also ins Zeigen anstatt etwas zu bewirken. Dazu kommt, dass wenn man etwas bewirken will, man die volle Verantwortung für die Folgen übernehmen muss; Zeigen ist dagegen immer provisorisch.

Aber nicht nur daraus wächst das Bedürfnis etwas darzustellen. Schon auf den ersten Seiten erwähnte ich, dass Menschen, die viel fühlen, viel erleben, viel verstehen, einen besonderen Wert in der Gesellschaft haben. Addieren wir das jedem angeborene Bestreben nach einer höchstmöglichen gesellschaftlichen

Stellung hinzu, bekommen wir das Bedürfnis, die eigenen Erlebnisse und Einfälle zu teilen, manchmal sogar auf ziemlich aufdringliche Weise. Dazu kommt die grundlegende Besonderheit der menschlichen Psyche, Wahrnehmungen *bildlich* oder strenger genommen *räumlich* im Bewussten zu bilden. Linguisten wissen, dass die Satzstruktur einer jeden Sprache bestimmte Satzteile beinhaltet, die die räumlichen Verhältnisse der Objekte in der Aussage vermitteln. Als Beispiel nehmen Sie das Naheliegende, die Präpositionen: an, in, auf, unter, zu, von, aus, kaum ein Satz kommt ohne sie aus. Wir Menschen also denken bildlich und der natürliche Impuls bei einer Konversation ist es, das im inneren Auge entstandene Bild weiterzuvermitteln.

Die praktische Schauspielarbeit beginnt mit dem Lesen eines literarischen Textes oder wenigstens mit einer Absprache, worum es geht und was alles damit zusammenhängt. Dabei entstehen vor unserem inneren Auge bestimmte Bilder. Wir sehen das Geschehen, sehen die Figuren, ihre Taten; wir wissen, was sie fühlen. Dadurch wird es lebendig, verlockend, aufregend. Der Grund ist relativ einfach: Das Skript, die Konstellationen, die Figuren sind nur Zeichen, Hinweise, Schemen, die wir erkennen und mit unseren Erfahrungen und den damit verbundenen Emotionen auffüllen. Es sind *unsere eigenen* Gefühle, der Text ist ein Spiegel, den wir unserer Psyche vorhalten. Deswegen faszinieren uns einige Werke und Figuren, manche lassen uns dagegen kalt und wieder andere verlangen nach einer gewissen Reife, um verstanden zu werden. Die Geschichte spricht also verschiedene Bereiche des persönlichen *Ichs* an, wir finden unsere Eigenschaften in mehreren Figuren wieder und solange das aufrechterhalten wird, wird das Geschehen zu einem privaten Erlebnis, unserem eigenen Abenteuer.

Dahinter steckt eine verblüffende Fähigkeit des menschlichen Gehirns: Es unterscheidet nicht zwischen äußerlichen und innerlichen Fakten. Zum Beispiel, wenn wir schlafen, ist der Traum für uns sehr real, manchmal zu unseren Lasten. Es erklärt auch mehrere niedergeschriebene Augenzeugenberichte über Meerjungfrauen oder Aliens oder Berichte über Einzelheiten eines Verbrechens, die dann oft genug vor Gericht als suggerierte Fehlerinnerungen entlarvt werden.

Wenn wir nun präsentieren, was wir gelesen haben, was ist dabei der verständlichste Impuls? Eigene Erfahrungen mitzuteilen! Woraus bestehen sie? Aus Bildern und Gefühlen. So versucht man so gut man kann, einmal empfundene oder explizit zu der Stelle gefundene Bilder und Gefühle Schritt für Schritt nachzuahmen und darzustellen. Wenn es glatt läuft, ist man sogar mit sich zufrieden, ist mit Stolz erfüllt, entleert und gleichzeitig aufgeputscht, denn es ist gelungen, die eigene Vision störungsfrei zu äußern.

Aber wo ist dabei das Publikum? Ist es nicht zum entfremdeten Betrachter degradiert? Geht dadurch das Alleinstellungsmerkmal der darstellenden Kunst nicht verloren, in der das Publikum etwas miterlebt und nicht nur zusieht? Und degradiert dies nicht nebenbei den Künstler selbst zum ignoranten, in sich verliebten Sonderling, der meint, das Publikum muss und wird ihm schon zusehen?

Diese Art der Selbstbefriedigung kann keinen künstlerischen Erfolg — nicht zu verwechseln mit finanziellem Erfolg —

bringen. Unausweichlich entsteht eine Kluft zwischen dem, was der Zuschauer in der gespielten Figur sieht und dem, was eigentlich in einem Menschen in der jetzigen, konkreten Gegebenheit vorgehen sollte. Dazu kommt noch, dass die Bilder, — auch die Bilder vom jeweils passenden Gefühlsausdruck — die für die Rolle ausgearbeitet wurden, in völlig anderen, günstigeren Umständen entstanden. Beim Spielen sind die Umstände nun anders. Die meisten Menschen spüren diese Diskrepanz schnell und klar. Die Schauspieler haben einen schwerwiegenden Grund, es zu verdrängen, die Zuschauer weichen darauf aus, die Vorführung zu akzeptieren, anstatt mitzufiebern.

Diese Herangehensweise macht die Figur jedenfalls flach, wenn nicht falsch, plakativ, oberlehrerhaft. So wird ein Schurke unverkennbar schurkisch und eine Schöne unwiderstehlich verführerisch, hier weint sie, da brüllt er.

An dieser Stelle muss ich aber ein Phänomen ansprechen, das ich für meine deutschen Leser wohl nicht außer Betracht lassen kann: Die Ansichten von Bertold Brecht zum Schauspiel. Um darüber zu sprechen, beziehe ich mich sowohl auf *Kleines Organon für das Theater* als auch auf seine späteren Texte.

Die anfänglich leidenschaftliche Ablehnung des *Einfühlungsprinzips* im Theater, dessen Folge laut Brecht ein unerwünschtes suggestives Hineinziehen des Publikums ins Geschehenes sei, — es war die entscheidende negative Motivation für die Einführung des *Verfremdungseffektes* (V-Effekt) —, hat sich nach der Ausweitung seiner Ansichten durch seine große Erfahrung der praktischen Regieführung gemildert und mündete am Ende in die Formulierung: „Wir arbeiten bei Brecht keineswegs ohne Einfühlung, wenn ihm auch Einfühlung allein nicht genügt".[4]

Brechts Auffassung des V-Effekts hat sich von der ursprünglichen politisch-gesellschaftlichen kritischen Betrachtung der behandelten Fabel und der Figuren auch deutlich ausgedehnt und schloss den in der darstellenden Kunst allgemeingültiger Ü-Effekt (Überraschungseffekt) mit ein. Dessen Quelle ist die Fähigkeit jedes wahren Künstlers, den frischen Blick zu behalten und dementsprechend dies auch seinem Publikum ermöglichen. „Der V-Effekt besteht darin, dass das Ding, das zum Verständnis gebracht, auf welches das Augenmerk gelenkt werden soll, aus einem gewöhnlichen, bekannten unmittelbar vorliegenden Ding zu einem besonderen, auffälligen, unerwarteten Ding gemacht wird."[5] Vergleichen Sie es bitte mit der Begründung der Notwendigkeit eines Ereignisses und der Beschreibung der Beeinflussung als Werkzeug dafür aus diesem Buch auf Seiten 27-28 und 85-86. Sie werden die Übereinstimmung der Intentionen sicherlich bemerken.

Die Brechtsche Spielweise sehe ich aus einer anderen Perspektive. Seine Inszenierungen sind nämlich ein Spiel im Spiel. Der innere Kern dieser Struktur ist die Erzählung einer Geschichte. Den äußeren Rahmen bildet ein politischer Meinungsabgleich zwischen dem Theater und dem Publikum über die Vorgänge. Das Letztere als Spiel zu bezeichnen, wäre für Brecht zu albern, denn

---

4 Brecht, Bertolt: *Ausgewählte Werke in sechs Bänden, Schriften,* 6. Band. Frankfurt am Main: Suhrkamp Taschenbuch Verlag 2005, S. 597.

5 Brecht, Bertolt: *Ausgewählte Werke in sechs Bänden, Schriften,* 6. Band. Frankfurt am Main: Suhrkamp Taschenbuch Verlag 2005, S. 482.

für ihn war der Klassenkampf so heilig wie sonst vielleicht seine Verachtung der Religion. Für mich ist es aber ganz deutlich ein Spiel, wenn man seine provokative Art, die besorgten Überraschungen und das von Brecht anerkannte Vergnügen am Theater (Sehen Sie *Kleines Organon für das Theater*, Absatz 3) bedenkt.

Seine Schauspieler müssten demzufolge wenigstens zwei Spielebenen überzeugend bedienen, wobei sie zwischen diesen schnell wechseln können. Es fordert natürlich die besonderen Techniken und Fertigkeiten. Manche davon aber wie zum Beispiel, sich aus den Geschehnissen rauszuhalten, um sie kommentieren zu können, verlieren ihren Sinn gänzlich, wenn man die Ebene der gesellschaftlichen Aufklärung inhaltlich nicht auffüllt und nicht priorisiert. Insofern ist die von ihm verlangte Spielweise ein Stil, passend zu seinen künstlerischen Aufgaben, und keine universale Schauspielmethode.

Zurück zum Text. Beim Lesen ist der Leser das Publikum und der Autor sorgt für Spannung und Unterhaltung. Bei einer Aufführung sind die Schauspieler die Autoren der Geschichte und müssen dafür sorgen, dass bei den Zuschauern nun *deren eigene* Bilder und Gefühle entstehen. Wenn ein Schauspieler die Bilder und Gefühle aus dem Kopf ans Publikum verfüttert, ist es, wie den Gast in einem Restaurant zu zwingen, ein bereits vorgekautes Schnitzel zu genießen. Das will doch keiner essen, geschweige denn bezahlen! Dennoch verfallen 90 % aller Schauspieler — ich versuche es wohlwollend einzuschätzen — der Versuchung, ihre Figur zu illustrieren. Mehr sogar, viel zu oft wird ein Schauspieler vom Regisseur aufgefordert und dabei überfordert, bestimmte Gefühle zu spielen, weil der Regisseur das *so sieht*.

Ein weiteres Beispiel der illustrativen Darstellung liefert oft das Theater an Stellen, an denen man größere Textabschnitte hat. Wenn es dabei um eine dramatische Situation geht, sprechen Schauspieler laut, schnell, offensiv, — für mein Ohr klingt es ein wenig wie das Bellen eines Hundes —, wenn es ruhiger zugeht, beginnen Schauspieler, die Sätze in einem seltsamen, oft hochragenden Ton zu sprechen und diesen an unlogischsten Stellen durch Pausen zu brechen, das Tempo mal zu beschleunigen, mal stark abzubremsen. Schlimm ist, dass ich dieses Verhalten in der gleichen Form auf mehreren Bühnen in unterschiedlichen Stücken beobachtete. Eine falsche Theatralik, die nur dafür gut ist, die Leere im Schauspieler zu vertuschen, denn um die Inhalte des Textes, um die Notwendigkeit für die Figur, genau diese Worte in diesem Moment zu sagen, geht es dabei bestimmt nicht. Traurig ist auch, dass eine solche Trickserei oft das Publikum geradezu verführt und nur Wenige realisieren, dass es bloß eine Zirkusnummer ist, und der Schauspieler, anstatt eine Figur zu spielen, mit Worten und Tönen jongliert. Das kann natürlich auch unterhaltsam sein. Übrigens sehen wir im Film genauso oft einen üblichen weinenden oder verärgerten Ton oder Blick — eine Plage. Die Rettung gegen diese Plage ist noch nicht in Sicht.

Sein vs. Schein

Ich kenne nur eine einzige Alternative zum Illustrieren und diese ist Spielen; Schauspielen anstatt Darstellen. Es ist die nächste Stufe unserer Kunst, die gemäß meiner Erfahrung als Regisseur, gar nicht so schwer zu erreichen ist, wenn der Schauspieler sie bewusst anstrebt oder der Regisseur sie fordert. Die zu überwindende Hürde ist nichts anderes als das Bild von der eigenen Persönlichkeit. Gleichzeitig gibt es kaum etwas Schwierigeres, als sich selbst neu zu ordnen, oder präziser gesagt, die eigene Einstellung zu sich selbst zu verändern. Unsere Ansichten sind unsere Aufseher, Gönner und Peiniger. Ihre Macht über uns ist so groß, dass manch einer lieber stirbt oder tötet, als sie aufzugeben. Dennoch versuchen wir den Umstieg ins Spielen aufzuspüren. Gehen wir der Sache aufs Korn.

Das Spielen an sich ist ganz einfach, jeder hat es doch jahrelang gemacht. Eine Figur zu spielen, scheint dagegen, außergewöhnlich kompliziert zu sein. Übrigens findet man das Spiel in der Kunst nicht nur im Theater oder Kino. Schaut man ein Bild oder eine Plastik eines großen Meisters an, findet man auch darin ein großes Spiel.

Nehmen wir als Beispiel die Gemälde von Picasso. Er erfasst meisterhaft die tiefen seelischen Regungen seiner Figuren, aber die kindliche, unbeholfene, primitive Linie, mit der er sie zeichnet, kämpft dagegen, zwinkert dem Betrachter schelmisch zu und versucht diese Tiefe zu entweihen. Er dekonstruiert die Form der Objekte und lässt den Betrachter sie trotzdem leicht identifizieren, wobei auf der Suche nach dem Zusammenhang alle Verzerrungen ausgeklammert werden. Den feinen Themen stehen die banalen Konstellationen gegenüber, den dynamischen Formen der flache Raum und eingefrorene Zeit. Seine nie fröhlichen Farbflecken brechen aus den Grenzen der Figuren heraus und tragen unverstellt zum Gemüt jener Welt bei und konfrontieren sie gleichzeitig mit der ungezwungenen, frechen, ja lustigen Selbstbestimmtheit der Linien. Er spielt die Elemente des Bildes regelrecht gegeneinander aus und nur die geübte, starke, darüber herrschende Komposition hält sie zusammen. Kurzgefasst, er spielt mit der natürlichen Wahrnehmung und Einordnung, mit dem konventionellen Urteil des Betrachters und lässt ihn selbst über das Ergebnis dieses Spiels entscheiden. Das macht die Magie seiner Kunst aus.

In der Hoffnung, etwas Hilfreiches übers Spiel als Phänomen menschlicher Natur bei Experten zu finden, las ich im Laufe der Arbeit an diesem Buch einige Werke von unterschiedlichen Psychologen. Wie erwartet, ging es in der Forschung meistens um Kinder- und Entwicklungspsychologie oder um die therapeutischen Ansätze des Psychodramas. Praktische Ansätze fürs Schauspiel fand ich nicht; nichtsdestotrotz waren einige interessante Überlegungen dabei.

Ich bitte Sie zunächst zwei umfangreiche Zitate, zwischen denen acht Jahre liegen, genau zu lesen. Sie stammen aus den Veröffentlichungen über die Psychologie des Spiels von Rolf Oerter, einem renommierten Wissenschaftler,

Merkmale des Spiels:

Zweckfreiheit: Sie bedeutet lustbetontes Ausprobieren und lustvolles Versinken in die Tätigkeit, wobei die intrinsische Motivation das Spiel charakterisiert.

Selbstbestimmung: Sie kann als Grundlage für die Aufrechterhaltung des Spiels gesehen werden, wobei die Erfahrung des Aufgehens in der Umwelt, das Verschmelzen des Spielenden mit der Umwelt und die Erfahrung des Heraushebens des Ichs zentral sind.

Wechsel des Realitätsbezuges: Hier stehen die Spielhandlungen generell für etwas anderes. Das »so tun als ob« ist ein Zeichen für eine andere Realität. Die Realitätsumwandlung hat für das Kind einen tieferen Sinn. Es schafft sich eine Welt, in der es stellvertretend die eigenen Bedürfnisse befriedigen und die Probleme, mit denen es in der realen und sozialen Welt nicht fertig wird, meistern kann. Andererseits ist die gesellschaftliche Realität eine Konstruktionsleistung und somit kann das Kind auch eine Realität erzeugen, in der es sich wohlfühlt.

Wiederholung: Sie bietet eine ausreichende Festigung von Erfahrungen und bildet die Grundlage des Lernens. »Wiederholung macht Spass, d. h. sie ist durch das Motivationssystem abgesichert«[6]

Das zweite Zitat:

Selbstzweck des Spiels (Handlung um der Handlung willen). Das Aufgehen in der Tätigkeit des Spiels wird durch tätigkeitszentrierte Motivation (vgl. Rheinberg, 1989) oder als Handeln nach dem Paratelic Model (vgl. Apter, 1982) erklärt. Dabei spielt das sogenannte Flusserleben (flow) nach Csikszentmihalyi (1985) eine wichtige Rolle. Es ist u. a. durch besondere Erfahrung bei der ausführenden Tätigkeit gekennzeichnet: Man fühlt sich optimal beansprucht, der Handlungsablauf geht glatt und flüssig

---

6 Oerter, R.: *Psychologie des Spiels: ein handlungstheoretischer Ansatz*, Weinheim: Beltz, 1999, S. 15.

vonstatten, die Konzentration erfolgt von selbst, das Zeiterleben wird weitgehend ausgeschaltet, und man selbst erlebt sich nicht mehr abgehoben von der Tätigkeit, sondern geht in ihr auf (vgl. Rheinberg, 1991, S. 2f.).

Wechsel des Realitätsbezuges. Im Spiel konstruiert das Kind eine andere Realität, die der »eingebildeten Situation« (Elkonin, 1980, S. 11). Spiel bildet also einen Handlungsrahmen, innerhalb dessen Gegenstände, Handlungen und Personen etwas anderes bedeuten können als in der Realität außerhalb des Spiels. Solche Rahmen sind im sozialen Spiel auch vereinbart und reichen bis in die Phylogenese des Menschen zurück, da sie bereits im tierischen Spielverhalten auftreten, so etwa bei den Spielkämpfen von Jungtieren. Wenn Kinder einen Spielrahmen vereinbaren und damit eine eigene Realität konstruieren, müssen sie sich sprachlich oder nonverbal auf den Spielrahmen, d. h. die eingebildete Situation, einigen.

Wiederholung und Ritual. In allen Spielformen zeigen sich Wiederholungen von Handlungen, oft in exzessiver Form. Weiterhin haben solche Handlungswiederholungen häufig Ritualcharakter, d. h. die Handlungen haben einen festgelegten Ablauf und sind in ihrer Gestalt stärker profiliert als normale Handlungen.

Gegenstandsbezug. Spielhandlungen sind fast immer auf Gegenstände bezogen — seien es Spielsachen, Gesellschaftsspiele, Sportgeräte oder die eigenen Körperteile bei Bewegungsspielen. Der solitäre oder soziale Umgang mit Gegenständen und deren fantasievolle Umdeutung stellt daher ein wesentliches Merkmal des Spiels dar. Im Gegensatz zu Arbeitshandlungen, die auch auf

Gegenstände mit festen Bedeutungen und Funktionen gerichtet sind, vermag das Spiel Objekte nahezu beliebig umzudeuten und ihnen in transformierten Realitäten neue Funktionen zuzuweisen.[7]

Die Zitate ergänzen sich und erklären einiges. Meine Lieblingsstelle ist natürlich der *Wechsel des Realitätsbezuges,* denn ich freute mich beim Lesen sehr über die Bestätigung meiner eigenen Ansichten. Abgesehen davon, entsprechen die benannten Merkmale meinen eigenen Empfindungen beim Schauspielen, sodass ich es als sinnvoll erachte, jedes einzelne detailliert auszuführen und mit den eigenen Erfahrungen zu vergleichen.

Beginnen wir mit der *Zweckfreiheit,* die als *lustbetontes Ausprobieren und Versinken in der Tätigkeit* verstanden wird. Wenn man auf dieses Phänomen aus der Sicht der Kunst blickt, erkennt man die Definition des Schaffensprozesses. Drei Hauptbegriffe sind dabei zu beachten: Lust, Ausprobieren und Versinken.

Lust hat für das Schauspiel unbestritten mit Sexualität zu tun. Allein beim „Sich zur Schau stellen", offenbart sich die Motivation, bemerkt zu werden, sprich, die Chancen auf einen Partner zu erhöhen.

Ich kenne aus meinem Umfeld Geschichten von zwei großartigen, anerkannten Schauspielern, die an der Spitze ihrer Karrieren — wohlgemerkt um die fünfzig Jahre alt — ihre Lust am Spielen verloren haben. Ein anderes Beispiel: Ein einflussreicher Kritiker fragte einst eine berühmte Schauspielerin, warum sie in einem künstlerisch schwachen und von vornherein aussichtslosen

---

7   Oerter, Rolf: *Zur Psychologie des Spiels.* In: *Psychologie und Gesellschaftskritik 31* (2007), 4, pp. 7-32, S. 9.

Projekt mitspiele. Sie antwortete: „Haben Sie nicht bemerkt, dass ich da viermal schicke Kleider wechsle?"

Ohne Lust kann man also nicht spielen und Lust kann man auch nicht erzwingen. Dennoch gibt es ein paar Aspekte, über die man nachdenken sollte. Wenn wir die Sache vereinfacht darstellen, ist Lust eine ins Bewusstsein eingedrungene Notwendigkeit, einen der drei Hauptinstinkte, nämlich Überlebensinstinkt, Sexualität und Rangstreben zu befriedigen, sobald ausreichend Energie da ist. Zwar sind die Hauptinstinkte immer vorhanden, aber unser Energiehaushalt funktioniert wie eine Batterie: Je mehr Kapazität sie hat und je schneller sie sich wieder auflädt, desto öfter und größer ist die Lust, etwas zu unternehmen und, in unserem Fall, zu spielen.

Also, ein Künstler muss seinen Energiehaushalt gut managen. Wie oft greifen Stars, die zu mehreren Auftritten und Hochleistung verpflichtet sind, zu Drogen, um sich aufzuputschen, und wie schnell werden sie zu leblosen Wracks? Es gibt aber auch andere Beispiele: Man erzählt von großen Schauspielern, die am Tag der Vorstellung niemanden sehen wollten, weil sie all ihre inneren Kräfte sammelten, um ein Ziel zu erreichen.

Wichtig ist, dass Lust sich auch einigermaßen leiten lässt: Die Objekte der Begierde entstehen in unserem Kopf, in der Fantasie. Das Gerüst dafür liefern natürlich die Gegenstände und Situationen aus unserer Umwelt, die für die Befriedigung der Lust eingesetzt werden können. Das Ausschmücken dieses Gerüstes geschieht allerdings nach unseren persönlichen und fast schon intimen Vorlieben. Das heißt, dass jeder Mensch sein eigenes „Lust-Profil" hat und dieses auch pflegt.

Dies kann als Hebel für eine konkrete Rollenarbeit dienen. Formuliert ein Schauspieler die Rolle so, dass sie ihn psychisch oder auch physisch erregt, bekommt er gleich Lust, sie zu spielen; hat er an manchen Stellen Schwierigkeiten, sollte er sie nach seinen Vorstellungen schmackhaft machen. Eins ist klar: Die Lust auf etwas Konkretes wächst in der Stille der Fantasie und will ausgelebt werden. So kommen wir logischerweise zum *Ausprobieren*.

Ausprobieren ist eine der entscheidenden Stellen, an der die Kunst möglich wird, die Stelle, wo sie sich vom Handwerk abhebt. Dabei geht es nicht um Ausprobieren als Suche nach der richtigen Form, was man in Bezug auf Kunst meinen könnte. Es geht um die Freiheit, diese Gefilde, wo die Lust blüht. Ausprobieren bedeutet gleichzeitig neue Erfahrungen, mehrere mögliche Varianten des Vorgehens und das Fallenlassen persönlicher Konsequenzen, denn wenn auch etwas nicht funktioniert, ist es längst nicht das Ende. Wenn Kinder spielen, ändern sie oft die Spielregeln, damit die missglückten Versuche doch nicht als gescheitert gelten. Das heißt, das Ausprobieren ist noch sorgloser, als das Spiel selbst und schützt vor dem Scheitern, auch wenn man das Spiel verliert! Somit ist das Ausprobieren ausnahmslos positiv konnotiert.

Doch hier stoßen wir scheinbar auf ein Problem. Wenn sich dieses freie Ausprobieren bei einer Probe noch relativ gut vorstellen lässt, wird es im Spiel selbst nicht gezwungenermaßen eng, bei dem die Abläufe fest sind und das Timing drängt? Die Entscheidung zwischen Muss und Muße sollte eigentlich selbstverständlich sein, in der Wirklichkeit ist sie beim Schauspiel ungeheuer schwer.

Meiner Erfahrung nach hängt es nicht mit den festen Abläufen des Spiels zusammen — sie sind hier eher im Sinne von Ritualen zu verstehen, was ein typisches Merkmal des Spiels ist —, sondern mit dem Zwang, unbedingt, und zwar jetzt mit der eigenen Vorführung anzukommen, zu gefallen. *Gefallen zu wollen* ist eine Falle: Man ist nicht mehr Herr der Lage, jemand anderer entscheidet für dich, die Freiheit ist einem entrissen und an ihrer Stelle nistet sich die Angst ein, abgelehnt zu werden. Die andere Form dieser Falle ist übrigens, gezielt nicht gefallen zu wollen: Die Zuschauer zu ignorieren oder sie abzustoßen. Beiden Taktiken sind nur Abwehrmechanismen aus der Überzeugung heraus, dass „von mir sowieso nichts Gescheites zustande kommt". Es ist die gleiche Angst, nur maskiert. Es gibt ein gutes Beispiel: der sogenannte „Vorführungseffekt"; wobei man gerade wegen dieser Angst etwas falsch macht, sich dumm anstellt und in die Bredouille kommt.

Da, wo die Angst regiert, sind tiefe Einblicke ins Thema überflüssig, Kunst ist bereits ausgeklammert, man will nur schnellstmöglich durch. Freiheit und Angst sind unvereinbar, daher ist der einzige Ausweg: Man macht das Publikum vom Beurteilenden zum Spielpartner bzw. -gegner. In so einer Konstellation sind der Schauspieler und der Zuschauer gleichberechtigt, so kann das Abenteuer des Spiels wieder beginnen und man hat Spannung und Erfolg selbst in der Hand.

Umso wichtiger ist es, die Zuversicht zu kultivieren, die Sammlung eigener Erfolge auszubauen und zu bewahren, an der Überzeugung zu arbeiten, dass „man es schafft, egal was einem auf dem Weg passieren mag". Aber vergessen Sie nicht: Sich selbst zu belügen, hilft nicht. Deswegen muss ein Erfolg als solcher unverstellt, ohne Wenn und Aber vom Herzen angenommen werden. Lieber ist er klein, aber tadellos, als groß und aufgeplustert.

Ein weiteres fachbezogenes Beispiel: Wenn ein Schauspieler oder Regisseur einem Kollegen zeigt, wie eine Stelle zu spielen ist, oder wenn man ein Projekt wiederaufnimmt und zur Erinnerung einen technischen Durchlauf macht, strotzt das Spiel vor Energie, Leichtigkeit, Einfallsreichtum und Witz. Später bei der Vorführung sind diese Attribute nicht mehr aufzufinden. Warum? Weil die Unbekümmertheit fehlt. Es ist notwendig, sich in einer so heiklen Sache wie einer öffentlichen Vorführung und allgemein innerhalb des kreativen Prozesses von einer Bewertung frei zu machen; das von mir so gepriesene Spiel mit dem Merkmal *Ausprobieren* bringt es automatisch mit sich. Genàuso gut hilft dabei eine Maske oder ein plastisch gespielter Charakter, der weit genug von einem selbst liegt. Man schützt sich und schafft dadurch einen angstfreien Raum, der sich bald mit Fantasie, neuen Entdeckungen und Lust füllt.

Versinken. Es ist der Heilige Gral des Spiels und jeder, wirklich jeder weiß, wie süß dieses Wasser schmeckt. Wie oft mussten wir uns in der Kindheit aus dem Spielen herausreißen, wie bitter war es, das Spiel zu verlassen? Manche bleiben im Erwachsenenalter noch spielsüchtig, besonders wenn es um Computerspiele geht. Dieses Versinken traf ich beim Schauspiel sehr selten und wenn überhaupt, war es immer eine Spitzenleistung.

Dafür gibt es ein natürliches Hindernis, vielleicht sogar zwei: Erstens: Als Kinder, wenigstens bis zum Alter von sieben Jahren, spielen wir für uns selbst, nach Lust und Laune und schon gar nicht für ein Publikum nach Szenario und Absprache. Hier herrschen die Selbstbestimmung — ein weiteres Merkmal des Spiels — und die momentane psychische Verfassung, die den Spielenden zielsicher in die gemütliche Bucht der Zufriedenheit führen. Die Spielhandlungen an sich können ziemlich heftig sein, aber „im Moment passt es so", sonst bräche man das Spiel ab. Solange der Mensch zufrieden ist, verlieren die Dinge, wie Zeit und Welt an Wichtigkeit und Macht; der Mensch bleibt bei dem Wenigen, was ihn zufriedenstellt.

Ist diese Selbstbestimmung beim Schauspielen gehemmt, ist dieses Hindernis unüberwindbar? Nein, wenn man nicht für das Publikum, sondern mit dem Publikum spielt. Es bereitet sogar einen besonderen Genuss, die aus dem Moment entstandene Motivation der Figur weiterzuverfolgen und die eigenen Impulse nicht zu verdrängen, den Raum dafür einzunehmen und zu sehen, was wohl daraus wird. Schließlich, solange der Vorhang nicht fällt, ist das Spiel nicht vorbei, es gibt immer noch eine Chance, das Blatt zu wenden.

Zweitens: Kinder nehmen die Gegebenheiten so, wie sie sind und passen sich mit ihrem Spiel wunderbar an. Fast nichts kann ein Kind dabei stören, ein Spiel zu beginnen. Was stört uns Erwachsene dann? Nach reichlicher Überlegung denke ich, dass es unser Selbstbild ist, an dem wir ab dem fünften bis sechsten Lebensjahr ständig basteln. Unser Selbstbild ist vom sozialen Umfeld geprägt und für dieses auch bestimmt. Nach der Pubertät ist es ziemlich homogen und fest, bei manchen so fest, dass jegliche öffentliche Abweichung als unangenehm, gar bedrohlich empfunden wird.

Es ist nicht besonders verwunderlich, denn einer der stärksten menschlichen Instinkte — wie auch bei den meisten sozialen Tierarten — ist der Hierarchieinstinkt, und das Bild von uns, das wir nach außen projizieren, ist dabei von größter Bedeutung. Es ist wie ein Schutzpanzer, der unseren aktuellen Status, die Selbstwertung und manch unbeholfenen, verletzlichen Kern bewahrt. Für Kinder ist es so leicht zu spielen, weil sie noch kein festes Bild von sich haben; mehr sogar, sie probieren im Spiel mehrere Rollen aus. Dazu kommt, dass das Spiel für ein Kind, laut eines der bedeutendsten Psychologen und speziell des Kinderpsychologen des 20. Jahrhunderts Lew Semjonowitsch Wygotski, die Zone fortwährender Entwicklung ist. Das heißt, sobald das Kind aus einer bestimmten Entwicklungsstufe herauswächst, verliert es das Interesse am dazugehörigen Spiel: Es kann nun das Ziel des Spiels mühelos erreichen und das Spiel verliert seinen Reiz. Aus solchen unzähligen Erfahrungen von der Wechselwirkung der Welt und der eigenen Fertigkeiten — echten oder vermeintlichen Fertigkeiten — besteht eben der „Ich-Bild-Panzer" und er entspricht nie unserer tatsächlichen Natur, es ist eher ein zufälliges Erzeugnis sozialer Anpassung.

Alle angehenden Schauspieler sind am Anfang dazu verdammt, diesen schweren Panzer mit sich zu schleppen.

Ein Beispiel: Ich bewarb mich für ein freies Theaterprojekt und traf beim Vorsprechen eine sehr schöne, gerade mit ihrem Studium fertig gewordene Schauspielerin. Sie bekam die Aufgabe, mit einem weiteren Kollegen eine Szene zu improvisieren und als sie auftrat, stellte sie sich zu meinem Erstaunen auf die

Zehenspitzen; ihr Lächeln wirkte plötzlich wie angeklebt und sogar ihre Stimme klang deutlich anders. Es war peinlich. Auf dem Rückweg fuhr ich ein Stück mit ihr zusammen im Zug. Sie sagte, sie schäme sich für ihren Auftritt, wisse, wie schrecklich dieses Kokettieren war, könne aber nichts dagegen tun. Sogar ihr Schauspiellehrer sagte, dass er ständig das Bedürfnis verspürte, diese falsche Schale von ihr abzukratzen. Das hat er anscheinend nicht geschafft. Ich fragte sie, ob sie ein hübsches Kind war. Sie war ziemlich verblüfft und antwortete: „Ja, sehr sogar!" Ich fragte, ob sie dies ausnutzte, um etwas zu bekommen. Sie antwortete: „Natürlich, alle liebten mich dafür. Einmal bekam meine Schwester zum Geburtstag eine schöne Puppe und ich sagte meinem Papa, dass ich auch gerne eine solche Puppe hätte. Drei Stunden später hielt ich sie schon in den Händen, obwohl wir zu der Zeit in einem sehr weit abgelegten Dorf wohnten. Mein Vater konnte mir kaum etwas abschlagen."

Der Fall war mir ganz klar: Die Erfolgsstrategie — ein kleines, wunderhübsches, süßes Mädchen, das mit einem Wimpernschlag alle Wünsche erfüllt bekommt — war in ihr Selbstbild so eingemeißelt, dass sie dagegen machtlos war und die Puppenmaske immer wieder automatisch aufsetzte, sobald sie Eindruck machen wollte. Die Maske drückte auf ihr anmutiges, kluges und nach Befreiung und Entfaltung suchendes Wesen. War dieser Druck vielleicht die unbewusste Motivation, Schauspielerin zu werden?

Wir alle spüren wohl: „Das bin ich nicht oder vielleicht nicht nur das!" In so einem Panzer zu spielen, ist schier unmöglich und ein Schauspieler muss ihn durchbrechen, sonst erstickt er darin, wie ein ungeborenes Küken in seiner Schale.

Hier noch ein Beispiel aus meinem persönlichen Erfahrungsschatz. Als ich sieben war, stritt ich, wie unter Geschwistern üblich, mit meinem älteren Bruder in der Küche und der Streit mündete in Unfug. Natürlich war ich der festen Überzeugung, dass mein Bruder daran schuld sei und vor Empörung und Verzweiflung begann ich von Herzen zu weinen. Daraufhin kam unser Vater in die Küche — er war ein starker, autoritärer Mann mit einem explosiven Temperament — und ohne lange zu fragen, sagte er: „Wer weint, der hat Schuld." Angesichts einer so gewaltigen Unfairness sind mir die Worte im Hals stecken geblieben und ich hörte auf zu weinen — und das für die nächsten 20 Jahre! Skurril an der Geschichte ist, dass ich das nächste Mal bei der Bestattung meines Vaters weinte, ich konnte kaum aufhören, konnte meine Freunde, die mich trösteten, anlächeln, doch die Tränen flossen ununterbrochen weiter; ich konnte zwischendurch einige organisatorische Dinge erledigen, aber sobald ich am Sarg war, brach ich wieder in Tränen aus.

Ich frage mich immer noch, wie viele ähnliche Entscheidungen, an die ich mich nicht mehr erinnern kann, in mir stecken und was sie mir versperren oder in mir verzerren. Vielleicht gelingt es mir noch, einige davon zu erkennen und auszumerzen.

Das, was wir von uns halten, kann uns also einschränken, aber auch helfen. Wenn ein Schauspieler Schwierigkeiten hat, ins Spiel einzusteigen, soll er vielleicht versuchen, offen für Neues zu sein, unwissend, ja naiv und außerdem mutig dazuzustehen, soll er versuchen aufzuhören, sich mit seinem Vorwissen zu schützen, und natürlich *ausprobieren*. So eine tiefe innerliche Transformation verläuft nicht einfach, braucht Zeit und bedeutet keinesfalls, sich schutzlos bloßzustellen, sondern sich selbst kennenzulernen und sich *bewusst* neu zu ordnen. Diese neue Ordnung wird *Ihre* Ordnung und Ihr Instrument für die Kunst. Die alten Meister wussten übrigens um die Notwendigkeit, beim Lernprozess alle Fertigkeiten bewusst und kontrolliert zu üben, beginnend beim Gehen und sogar Atmen. Erst dann könne der Schüler Freiheit gewinnen.

Das zweite Zitat beginnt mit *„Selbstzweck des Spiels (Handlung um der Handlung willen). Das Aufgehen in der Tätigkeit des Spiels wird durch tätigkeitszentrierte Motivation (...) erklärt"*. Es entspricht dem Bedeutungskreis, den wir gerade durchgearbeitet haben, hat aber einige besondere Akzente. Es geht um das Handeln. Dazu muss ich eine wichtige Anmerkung machen: Das Handeln im Spiel und im Schauspiel sind nicht immer gleich. Wenn man ein Kind beobachtet, stellt man bald fest, dass es ihm reicht, bloß herumzulaufen oder zu springen, um gute Laune zu bekommen; für das Kind ist das Laufen schon ein Spiel, diese Tätigkeit braucht keine weitere Bedeutung zu haben. Im Schauspiel dagegen muss jede Tätigkeit eine bestimmte und wichtige Bedeutung haben. Oft sind angehende Schauspieler hyperaktiv in einer Szene, aber es ist keine spezifische Schauspielhandlung, sondern ein Versuch, die eigene Ratlosigkeit hinter dieser Aktivität zu verstecken. Mit Logik, Taktik und Strategie der Figur hat es nicht viel zu tun.

Von dieser Seite aus betrachtet ist Schauspiel also nicht die Handlung um der Handlung willen. Auf der anderen Seite aber gibt es kaum ein anderes so signifikantes Zeichen für richtiges Tun als der Spaß an jedem Handlungsschritt. „Es fühlt sich gut an", sagen dann die Kollegen. Es heißt, wenn man einen Schritt, nur einen Schritt in Richtung Spaß am Spiel macht, rückt alles auf einmal an die richtige Stelle, es entsteht Energie, Spannung und die Lust, weiterzumachen. Es ist einer der bezauberndsten Momente unseres Handwerks und ich wohnte diesem Glück oft bei. Manchmal braucht man die halbe Probe, um diesen Moment zu erreichen, aber was ist das schon, wenn danach alle glücklich sind?

Die Formel *Handlung um der Handlung willen* hat in unserer Sache schon auch ihre Berechtigung. Außerdem unterstreicht dieses Merkmal die zugrundeliegende Voraussetzung eines Spiels, nämlich das Vorhaben, das Spiel durch die eigenen Handlungen zu gestalten. Will man spielen, ist es ganz leicht und vollkommen ausreichend, zu entscheiden: „Ach, ich mach mal ..." und zu machen, und weiterzumachen, und nicht loszulassen! Dann entstehen *Flow*, Zauber und Spaß.

Nun kommen wir zu meinem Lieblingsteil, zum *Wechsel des Realitätsbezuges*. Ich erwähnte bereits, dass es das größte Problem im Schauspiel darstellt, die Situation der gespielten Figur auf die Ebene der eigenen Realität, auf der sie wirklich oder wenigstens als gut möglich wahrgenommen werden kann, zu heben. Wenn es gelingt, beginnt man diese Situation anders zu empfinden, und es schaltet unser ganzes Wissen und Können gleichermaßen ein, die uns im Alltag und in der Zeit der Herausforderungen zum Erfolg verhelfen. Wir wissen dann, was wir zu tun haben und überlegen, wie das Spiel zur Lösung des Problems beitragen kann.

Oerter definiert die Realität als *gesellschaftliche Konstruktionsleistung* und daraus folgt, dass im Spiel der *Handlungsrahmen* eine gesonderte Konstruktion bilden kann. Innerhalb dieses Handlungsrahmens bekommen Objekte, Handlungen und Personen eine andere Bedeutung. Oerter nennt es Etikettierung:

Die fiktive Episode, also der vom Kind im Spiel geschaffene neue Realitätsrahmen, wird zu einem vorübergehenden neuen Handlungsrahmen. In ihm erfahren die Gegenstände eine andere Etikettierung. Beispielsweise »in diesem Handlungsrahmen („Spiel") ist der gelbe Baustein eine Banane«. Sobald der Spielrahmen verlassen wird, erhält der Baustein wieder seine ursprüngliche Bedeutung zurück. Auf diese Weise kann das Kind im Spielverlauf den gleichen Gegenstand sogar mehrfach etikettieren. Wenn es den Bären „füttert", erhält der Baustein das Etikett „Banane"; wird der Bär gewaschen, so kann der Baustein das Etikett „Schwamm" erhalten. Solche Zuweisungen, abgeleitet aus dem Handlungsrahmen, können im Langzeitgedächtnis gespeichert und bei Wiederholung des Spiels abgerufen und erneut benutzt werden. Die Autoren weisen auch das Verständnis kausaler Transformationen beim Spiel nach. Wenn ein Kind eine fiktive Flüssigkeit auf den Tisch gießt, so ist dieser nass und kann fiktiv getrocknet werden. Die Etikettierung „nasser Tisch" wird kausal aus dem fiktiven Verschütten abgeleitet.

Zwei Wege führen vermutlich zu dieser Leistung. Der erste Weg verläuft über die bildhafte Vorstellung. Bei der Pantomime vermeinen wir bei der Handlung mit fiktiven Gegenständen diese förmlich zu sehen (Charlie Chaplins berühmtes Fangen eines Flohs). In unserem Beispiel „sieht" man die Nässe auf dem Tisch. Der zweite Weg besteht im Schlussfolgern, also dem propositionalen Wissen über den Zusammenhang von Ursache und Wirkung. Das Kind weiß, dass beim Verschütten Nässe entsteht. Beide Wege wirken wohl zusammen.[8]

Bezeichnend ist, dass der Wissenschaftler bei der Beschreibung der Wege zum Handeln unter Etikettierung vorsichtig wird. Ich bin ziemlich skeptisch, was den ersten Weg angeht. Wenn man ständig Dinge sieht, die gar nicht da sind, ist es ein klarer Fall für einen Psychiater. Die zweite Methode scheint dagegen geradezu simpel! Ein Etikett ankleben und dem praktischen Vorwissen entsprechend handeln. Es braucht schließlich nur zwei Voraussetzungen: Ein Objekt, worauf das Etikett angebracht wird, und eine zumutbare qualitative Ähnlichkeit dieses Objektes mit dem neuen auf dem Etikett benannten Objekt. Wygotski beschreibt in seinem Buch *Das Spiel und seine Bedeutung in der psychischen Entwicklung des Kindes* ausführlich, wie der Abstand zwischen dem realen Objekt und dem aus ihm geschaffenen Spielobjekt mit den aufeinanderfolgenden Entwicklungsstufen allmählich wächst. Erwachsene sind zur äußersten Abstraktion fähig.

Für ein Beispiel blicken wir kurz auf eine mögliche Szene.

---

8   Oerter, Rolf: *Zur Psychologie des Spiels.* In: *Psychologie und Gesellschaftskritik 31* (2007), 4, pp. 7-32, S. 20.

Ein Kind sitzt am Mittagstisch und tut so, als ob die gekreuzten Löffel und Gabel ein Transformer seien. Warum nicht? Beide Gegenstände sind üblicherweise aus Metall, gekreuzt bilden sie die beweglichen Extremitäten und die Gabel hat sogar einige „Finger". Aus der Filmreihe wissen wir, dass die Transformer gefährlich sind — harmlose Transformer wären wohl nicht von Interesse — der nächste logische Schritt ist also, das Kind führt seinen Roboter zum Angriff auf die Nudelsiedlung. Diese *freiwillig* gemachte Erfindung eröffnet viele konkrete, aus der Annahme entstehende Handlungsmöglichkeiten. Der Transformer kann mit zwei Beinen auf dem Tisch gehen, den Tellerrand kann er überfliegen, wobei die Beine zum Propeller werden und mit dem schrecklichen Vier-Finger Arm kann er die Nudeln kaputtschlagen. Der Ketchup wird den Umständen entsprechend zum Blut. Alles, was sich dem Spiel nicht anschließt, ist dem Kind jetzt *unwichtig* und die Mahnungen der Mutter, dass das Essen kalt wird, hält es bewusst von seinem Entscheidungsfeld fern, verschiebt sie auf später. Niemand kann behaupten, dass die Welt des Kindes und die seiner Mutter in diesem Moment im Einklang sind und keiner kann mich überzeugen, dass Erwachsene nicht mehr imstande sind, so umschalten zu können. *Warum stellen wir uns bloß so an?* Es ist nach wie vor einfach, sich zu sagen, „Gut, das ist momentan so", kurz durchzuatmen und loszulegen.

Bei der beschriebenen Szene geht das Kind von seiner aktuellen Situation aus und das Besteck und seine Etikettierung helfen ihm dabei, eine neue Spielrealität zu erschaffen. Die Gegenstände im Spiel haben eine besondere Stellung. Meiner Ansicht nach kann man dies dadurch begründen, dass wir die Realität an sich nur durch unmittelbare körperliche Empfindungen erfahren können. Hantiert man mit einem Gegenstand so, dass er in den Mittelpunkt der Aufmerksamkeit rückt, wird alles, was damit im unmittelbaren Bezug steht, vom Bewusstsein eindeutig als real eingestuft. Wenn dies in einer Szene passiert, muss man sich sogar ein wenig überwinden, um in eine ausgedachte Situation zurückzukommen und weiter zu spielen — oder eher *darzustellen*. Dieses Umschalten von Realität auf Fiktion schaffen doch alle, in die andere Richtung — und die im Schauspiel gewünschte! — nur einige wenige. Es zeigt, wie unterschiedlich wir im Inneren mit Gegenständen und Situationen umgehen.

Hier eine taoistische Fabel, die ich sehr mag. Ein Meister schwärmte vor seinen Schülern von einer exzellenten Kennerin des Dao, also des Weges aller Dinge, die in der Nähe eine Raststätte betrieb; die neugierigen und begeisterten Schüler machten sich auf den Weg dorthin. Als sie das Lokal betraten und die Besitzerin ehrfurchtsvoll darum baten, sie über Dao zu belehren, griff die Frau nach ihrem Kochlöffel und verpasste ihnen einem nach dem anderen damit eine Kopfnuss. Verwirrt und eingeschüchtert kehrten die Schüler zu ihrem Meister zurück und berichteten ihm über den Vorfall. Er lachte sehr zufrieden. Wenn man bedenkt, dass man den Weg aller Dinge, mit anderen Worten die Realität in ihrem endlosen Verlauf, nicht intellektuell begreifen, aber sehr wohl am eigenen Leib spüren kann, kann man das Lachen des alten Meisters nachvollziehen.

Wir teilen Situationen normalerweise in echt und fiktiv ein. Beide sind vom Bewusstsein geschaffene Konstrukte: anhand mehrerer Verfahren, unter anderem unter Verwendung des im Gedächtnis gespeicherten Abbildes der physikalischen Welt, der persönlichen Wertordnung oder der aktuellen Motivation. Welcher Kategorie dann die konkrete Situation zugeordnet wird, entscheiden nicht die Prozesse, die gleich sind, sondern lediglich unsere Einstellungen und Annahmen. Das ist ein mittlerweile weit verbreitetes Wissen: Wir sehen das, was wir sehen wollen (oder eher das, was wir bereit sind, zu sehen).

Übrigens, vor einigen Jahren führten Neurowissenschaftler ein paar unterhaltsame Experimente durch: Probanden wurde eine Hand abgeschirmt, und sie sollten mit einer künstlichen Ersatzhand, die sie sehen konnten und die, die Bewegungen der echten Hand nachahmte, ein paar Aufgaben durchführen, oder beide Hände sollten nur an der gleichen Stellen gestreichelt werden. Am Ende des Experiments stachen die Assistenten die künstliche Hand mit einer Nadel und ... die Probanden zuckten vor Angst.

Wenn wir den Blick wieder dem Schauspiel zuwenden, erkennen wir, dass die Schauspieler immer von einer gemischten Situation ausgehen müssen: nämlich einesteils von einem real existierenden Raum sowie realen Menschen und Gegenständen und andernteils von eingebildeten Eigenschaften des Raums, der Gegenstände, der Menschen und der Verhältnisse zwischen ihnen. Die Frage ist also: Wie bezieht man die fiktiven Teile in die „reale" Situation des Spiels mit ein? Ich nenne es *erden*. Nicht im Sinne, dass sie banalisiert oder versachlicht werden, sondern, dass sie auf die Ebene der physikalischen, spürbaren Welt zu platzieren sind, und zwar durch eine Art Etikettierung. Dafür muss man eine Analogie im eigenen Erfahrungsschatz finden.

Hier ist ein Beispiel aus der Praxis. Ich probte eine Szene, in der eine Frau Aufmerksamkeit, Trost und Schutz suchte, indem sie ihrem Geliebten mit verschiedenen Arten des Selbstmordes drohte. Bis auf die leidende Stimme konnte die Schauspielerin nichts bieten, es war ein Leerlauf nach dem anderen. Ich forderte sie auf, aufzuhören, so speziell zu jammern. Sie erwiderte, dass sie nichts Derartiges dachte und nur wusste, auf der Vorderbühne spielen zu müssen, weil ihre Stimme nicht stark genug ist, um das Publikum zu erreichen. Ich fragte, warum sie sich nicht mit dem Geliebten beschäftigt, die Drohungen seien doch an ihn gerichtet. Sie antwortete: „Ich spüre ihn nicht, deswegen entsteht für mich kein Bedarf, ihm das Ganze explizit zu sagen. Außerdem habe ich ihn doch schon einmal angeschaut."

Da wurde es deutlich, dass sie nicht im Spiel ist: Ein Paradebeispiel für eine Darstellung im Alleingang, bei der nicht wichtig ist, was um einen herum passiert und man stur die eigene Linie verfolgt, egal, wie sie zusammengesetzt ist. Exemplarisch dafür ist, dass der Schauspielerin gar nicht bewusst war, dass sie ihre eigene Vorstellung vom Verhalten der Figur präsentierte, anstatt zu spielen. Für solche Präsentationen braucht man auch keinen Spielpartner, alles wird lediglich aus der eigenen Vorstellung gespeist.

Ich fragte sie, ob sie noch wisse, was ihre Figur an dieser Stelle erreichen soll und wofür. Sie erklärte es plausibel, aber es war ein Wissen und kein Können; sie war nicht bereit, das Benannte tatsächlich umzusetzen. Das heißt, die dringliche Lage der Figur blieb ihr fern. Dann fragte ich, ob sie mit ihrem Mann mal heftig gestritten hätte? Sie schaute mich verblüfft an — „Natürlich". „Was wolltest du in dem Moment tun? Kannst du dich noch erinnern?" — „Ich wollte ihm den Stuhl am Kopf zerbrechen." Als sie das sagte, wurden ihre Wangen ein wenig rot, der Körper bekam eine schöne Spannung. „Das ist es! So sollst du auch mit deinem Liebhaber umgehen." — „Aber in der Szene will ich doch mich umbringen und nicht ihn." — „Es ist unwichtig. Hauptsache, du bist zum Äußersten bereit, dein Körper ist bereit, hier und jetzt etwas Schreckliches zu tun. Also los!" Sie begann erneut zu spielen und, siehe da, einiges lief viel besser. Zum Ende gewann die Darstellung wieder die Oberhand, aber es blieb etwas sehr Wertvolles, zwei kleinen Samen: das entstandene Gefühl der Echtheit und das von dieser Emotion ausgelöste künstlerische Glück. Diese Samen werden im Verborgenen wachsen und hoffentlich in einem farbenprächtigen Spiel erblühen.

Könnte man sagen, dass hier die Methode des affektiven Gedächtnisses verwendet wurde, nach den Methoden von Strasberg und dem früheren Stanislawski? Auf den ersten Blick ja, bei genauerer Betrachtung, eher nicht. Mein Ziel war es nicht, das der Situation entsprechende Gefühl durch die Erinnerung an eine ähnliche Erfahrung in der Schauspielerin hervorzurufen. Nebenbei bemerkt entsprach die Erfahrung nicht der gespielten Situation. Mein Ziel war es, die gespielte Situation als echt zu „etikettieren", und zwar durch die Auswahl von bekannten, schon erlebten Vorfällen, bei denen der bereits ausprobierte Handlungsmodus der Person dem der Situation entsprechen konnte.

Erlebnisse hinterlassen immer solche Handlungsschablonen. Wir können die Umstände vergessen oder verdrängen, aber die Modi und Handlungsstrategien bleiben im Unbewussten gespeichert und werden bei jedem weiteren Abruf gefestigt und ausgebaut. Dieser Abruf verläuft übrigens vorbewusst, wie die Versuche des Hirnforschers John-Dylan Haynes am Max-Planck-Institut für Kognitions- und Neurowissenschaften in Leipzig mithilfe der neusten Technik zeigten und damit die 1985 in *The Behavioral and Brain Sciences* veröffentlichen Experimente des Hirnforschers Benjamin Libet bestätigten. In der Neurowissenschaft nennt man dies Bereitschaftspotential.

Genau darum geht es mir auch, um die Bereitschaft des gesamten Wesens, sofort auf eine bestimmte Art zu handeln. Findet man in sich den passenden Modus, weiß man, wie man zu spielen hat. Dabei kann dieser Modus nur als *Gespür* wahrgenommen werden, da das Bereitschaftspotenzial mindestens 200 Millisekunden vor der Entscheidung zu handeln entsteht.

Der Trick ist also, sich zu sagen: „Ah, das ist wie ...". Mit anderen Worten, tun Sie das, was Sie bereits kennen! Es klingt wie Ketzerei, aber für das Spielen braucht man keine Fantasie! Eine Rolle oder eine Szene zu entwerfen, zu erforschen, zu gestalten, da braucht man sie unbedingt — ganz zu schweigen davon, dass eine lebendige Fantasie eine wesentliche Eigenschaft jedes Künstlers ist — für das Spielen selbst aber bleibt man lieber ganz sachlich bei seiner momentanen Beschäftigung.

Das machen übrigens auch Kinder, wenn sie spielen. Trotz des Geschwafels über die unbändige kindliche Fantasie, ahmen Kinder in Wirklichkeit nur das nach, was sie vorher mitbekommen haben. Das, was man Fantasie nennt, ist lediglich die Kombination des Objekts des Spiels mit anderen Dingen, um das fehlende Wissen vom Objekt oder das fehlende Können zu überbrücken. Will man also, wie ein Kind spielen, sollte man sein Vorwissen und damit die Vorstellung vom eigenen Ich hintenanstellen und zu handeln beginnen.

Zum *Erden* verhilft auch das, was Oerter *Gegenstandsbezug* nennt. Das ist auch recht logisch, denn Gegenstände sind real und die Beschäftigung mit ihnen ist dementsprechend immer eine echte Situation, egal, wie unkonventionell diese verläuft. Heftet man an diese Beschäftigung noch ein paar weitere fiktive Umstände, werden sie auch als real eingestuft (aber nicht in umgekehrter Reihenfolge!). Wenn der Schauspieler registriert, dass er sich von der gespielten Situation abgehoben hat, hilft oft, sich auf die Beschäftigung mit einem Gegenstand, wohlgemerkt auch mit einem Körperteil — der physische Pol! — zu fokussieren. Gelingt es, das Spüren der realen Welt durch diesen Anker wieder zu aktivieren, kann man wieder wagen, daran die gespielte Situation anzuknüpfen. Es hilft auch, sich des eigenen Atmens bewusst zu werden, denn das Atmen markiert den Anfang und das Ende jeder unserer Beschäftigung, bedingt sie und ist sehr eng mit dem Unbewussten verknüpft. Diese Techniken detailliert zu betrachten, wäre in diesem Buch eher unpassend, aber ich fühle mich dazu verpflichtet, auf sie hinzuweisen.

Es gibt aber auch einen weiteren starken Anker, und zwar das Ich des Spielenden. Es ist wieder ein Paradox, denn gerade schrieb ich einen ganzen Absatz über das Ausschalten des eigenen Ichs, und nun, so etwas! Es gibt aber einen feinen Unterschied zwischen dem privaten Ich und dem Ich, das im Spiel agiert. Zweiteres ist das bereits befreite, abenteuerlustige, frische Ich, über dessen Existenz schon viele große Schauspiellehrer berichteten. Dieses Ich muss man unbedingt in die Heldenposition rücken. Unabhängig davon, wen man spielt, muss man die Einstellung haben, dass man die Hauptfigur ist und sich alles um einen und das eigene Schicksal dreht. Oerter beschreibt dieses Merkmal als *„die Erfahrung des Heraushebens des Ichs"* und es ist von zentraler Bedeutung. Es ist nicht verwunderlich, wenn man bedenkt, dass die Überlegungen von Jean Piaget, eines weiteren hervorragenden Psychologen, über die *„Freude, Ursache zu sein"* in Bezug auf die Motivation zum Spielen ebenso gut dazu passen. Obgleich ich diese Freude als Fundament jeder Art der Kreativität betrachte. Also darf und muss das kreative Ich beim Spiel nach vorne rücken.

Ja, dieses Ich ist ein verwöhntes Kind und wartet gerne auf Inspiration, öfters hat es keine Lust oder ist von etwas gestört.

Es gibt eine Anekdote über Anton Tschechov: Ein junger Autor fragte den berühmten Kollegen, wie er Inspiration fürs Schreiben bekommt. Darauf antwortete Tschechov, dass sein Vis-à-vis keinen Unfug reden, sondern wie Tschechov selbst jeden Tag eine Halbseite Text niederschreiben sollte.

Von Kollegen zweier hervorragender Schauspieler wurde mir berichtet, dass sie über mehrere Szenen am Anfang der Vorführungen auf Inspiration warten konnten und sich dabei nicht ums Spiel scherten. Als es in ihnen aber doch einmal aufblitzte, waren sie so brillant, dass das Publikum ihnen vor Begeisterung die einstige Enttäuschung vergab.

Ich gehe damit anders um. Ich nehme bewusst meine Antriebslosigkeit mit in die Szene und sage mir: „Meine Figur hat nun mal momentan so eine Laune". Ganz aufrichtig beginne ich aus dieser emotionalen Gegebenheit heraus die Sachen, das Publikum, die Spielpartner, ihre Aktionen wahrzunehmen und darauf zu achten, was sie in mir hervorrufen. Sie haben auf mich eine Wirkung und *ich lasse sie nicht ohne Antwort*, egal was in meiner Psyche entsteht. So zieht es mich in den Bann des Geschehens hinein und ich bekomme ziemlich schnell ausreichend psychische Energie, um mich kräftig einzumischen. Jetzt erscheint das Spiel frisch und bekommt durch meine unverstellte Gefühlslage jede Menge neuen Sinn.

Das letzte Merkmal des Spiels, das es noch zu besprechen gilt, ist *Wiederholung und Ritual*. Die Wiederholbarkeit ist ein großes Problem des Schauspiels. Der berüchtigte Effekt der zweiten Vorstellung, in der die starken Momente der Premiere, trotz aller Beschwörungen nicht mehr abrufbar sind, ist im Theater bekannt. Es gibt wohl einige ausgeklügelte Techniken, um das einst gestaltete Spiel genauestens zu wiederholen. Ich vertrete die Meinung, dass lebendiges Spiel nicht wiederholbar ist, samt der großen Momente und Einfälle, obwohl letztere vorbereitet werden können.

Passend dazu noch zwei kleine Geschichten. Als ich ein junger Schauspieler war, spielte ich in einem Projekt mit, einer Komödie, die im ersten Anlauf aus mangelnder Erfahrung des Regisseurs und kaum besseren Fertigkeiten der Truppe kläglich scheiterte. Der Regisseur wurde ersetzt, die Rollen anders verteilt, und ich bekam die kleine Rolle eines Chorleiters, der für einen Schauspielerposten vorspricht. Eigentlich war ich froh, nur einige, wenige Proben zu haben, denn es gibt wohl nichts Deprimierenderes am Theater, als unlustiges, schweres, unfähiges Geblödel. Zur Generalprobe kamen Bekannte und Kollegen, der Zuschauerraum war voll, die Vorstellung begann. Die erste Viertelstunde lief, wie erwartet katastrophal, im Publikum war kein Lächeln zu bemerken, ganz zu schweigen von Lachen. Ich spürte nur Wut und Reue, letztendlich musste ich auf die Bühne. Meine Figur konzipierte ich als tollpatschig, mit Ahnung von nichts, überspannt vor Unsicherheit. Schlimm war, dass sie die ersten zehn Minuten ohne einen Mucks im Hintergrund auf der Bühne hin und her bummelte. Ich durfte weiter dem unbeholfenen Spiel meiner Kollegen beiwohnen und begann gnadenlos, mit aller Kraft die Aufmerksamkeit des Publikums auf mich zu ziehen, ohne in Slapstick zu verfallen. Als es endlich zu meinem Einsatz kam, ich also vorsprach, kam ich aufgeregt und ängstlich aus meinem Versteck nach vorne, holte tief Luft und ... fiel in ein schwarzes Loch. Es dauerte vielleicht drei Sekunden bis ich meine Kollegen und die Zuschauer wieder sah. Sie lachten, und zwar heftig. Ich hatte nur eine ungefähre Vorstellung wieso. Zum Glück gelang es den Kollegen, ans Lustige anzuknüpfen, hier und da war ein Schmunzeln oder Kichern zu vernehmen, die Generalprobe war gerettet. Am nächsten Tag bei der Premiere wollte ich unbedingt die Stelle genauso lustig machen, also wiederholte ich sie, so gut wie ich konnte. Das Publikum lachte, aber zurückhaltender als beim ersten Mal. Bei der nächsten Vorstellung funktionierte es noch weniger. Ich spielte die Rolle mehrere Jahre, versuchte unzählige Ansätze und war recht lustig, bekam für mein Schauspiel viel Lob, erreichte aber die gewünschte Leistung nie wieder.

Als ich schon etwas erfahrener war, spielte ich in *Anatevka* die Rolle des Schneiders Mottel. Die Pogrom-Szene, in der meine Hochzeit endete, war inszeniert als Zerstörung einiger Bühnenbildelemente und chaotische Flucht. Bei der Premiere lief ich, wie abgesprochen quer über die Bühne, um vielleicht noch etwas retten zu können, Machtlosigkeit und Mitleid vermischten sich in mir. In einem Moment blieb ich etwa in der Mitte stehen und sah vor mir meinen Bühnen-Schwiegervater. Er schaute mich an, Tränen stiegen mir in die Augen, ich umarmte ihn und weinte. Das war ein ausgesprochenes Wunder für mich, weil ich beim Spielen nie weinen konnte. Nach der Premiere nahm ich diesmal vom Versuch Abstand, es wiederholen zu wollen, und war bloß neugierig, wie es beim nächsten Auftritt sein wird. Also, das Bühnenbild bricht zusammen, ich laufe, bleibe stehen, sehe den Spielkameraden und ... weine! Es lief in jeder weiteren Vorstellung genauso ab. Fürs Weinen tat ich nichts, abgesehen davon, dass ich den Ablauf unverändert durchzog.

Worin liegt der Unterschied bei diesen beiden Erfahrungen? Wieso war die Wiederholung im zweiten Beispiel möglich? Meine Antwort ist, dass ich im ersten Fall auf den unmittelbaren Moment des Spiels zielte, auf die Gefühle, die ich dabei empfand, regelrecht darin wühlte und sie damit am freien Lauf hinderte. Im zweiten Fall hielt ich Schritt mit der Zeit der Geschichte, blickte nicht nach vorne zur nächsten Episode, schaute nicht nach hinten, auf die vorherigen Aufführungen, blieb also im Moment, was auch kommen mochte. Diese Einstellung hob meine Handlungen von der handwerklichen Wiederholung zum Ritual, bei dem alle Aktionen eher symbolische Lockvögel sind und die Wirkung an sich von einer höheren Macht, in unserem Fall aus der Tiefe des Unbewussten, stammt. Ist das bei Kindern nicht genauso? Denn sie kennen das nur zu gut, dieses Gefühl, dass das gewünschte Ergebnis ihren noch stark eingeschränkten Fertigkeiten unterliegt. Deswegen hoffen sie voller Eifer und Bewunderung auf das große Unbekannte. Nichtsdestotrotz wiederholen Kinder Dinge hartnäckig wieder und wieder, bis sie es irgendwann draufhaben. So hat die Wiederholung ihren Platz bei der Übung und das Ritual beim Spiel. Nebenbei bemerkt, wenn das Ritual eine Sonderstellung bekommt und das Erwartete einem "heilig" wird, wird die Situation für ihn automatisch auf die höchste Stufe der Werthierarchie aufsteigen, was wiederum die beste Voraussetzung fürs Kreieren eines großen Ereignisses ist.

Ich möchte noch einige Bemerkungen über folgende Spielbestandteile machen, die nicht so explizit in wissenschaftlichen Untersuchungen dargelegt, dennoch fürs Schauspiel sehr wichtig sind: der *Wetteifer* und ein *psychologisch geschützter Raum.*

Im Grunde steht Wetteifer auf der dramaturgischen Ebene vom Beginn an fest und heißt nicht anders als Konflikt oder Kampf. Auf der Ebene des Spielers und seiner Motivation ist es Wetteifer. In den Spielen ab der Pubertätszeit ist der Wetteifer offensichtlich, aber auch im früheren Alter existiert er als das Bestreben, die Spielziele der physischen Realität zum Trotz durchzusetzen: sei es Türme zu bauen oder einer Puppe die Haare zu kämmen. Ich vermute stark, dass der Wetteifer *die* Voraussetzung für Spaß und Spannung im Spiel ist. Dabei ist die Wette anzunehmen immer eine *persönliche, gar intime* Entscheidung. Diese Entscheidung hängt einzig und allein von der Abwägung der Chancen ab und lässt sich sehr leicht von der Einstellung beeinflussen. Die Bremse zu ziehen oder doch den Kampf zu wagen, ist die Sache der bewussten Einstimmung. Daher halte ich es für ungeheuer wichtig, den Wetteifer als Eckpfeiler des Schauspielsystems zu setzen. Einige haben ihn bereits als profilierenden Charakterzug, manche brauchen ein wenig Anstoß. Deshalb sage ich meinen Schülern oft, dass die Sache noch nicht klar ist, solange der Vorhang noch auf ist.

Jedes Spiel hat einen vereinbarten Rahmen, ganz gleich, welcher Art, und dafür bildet man eine klare Grenze zur echten sozialen Welt. Dieser Rahmen bringt einen besonders für Schauspiel wertvollen Vorteil mit sich, nämlich, er befreit von der Verantwortung für die echten Konsequenzen von Handlungen — alles bleibt nur ein Spiel. Ich erwähnte es bereits bei der Beschreibung des Spielmerkmals *Ausprobieren*. Die Freiheit entfesselt die Kreativität — alles ist möglich und auch die Missgeschicke sind nur ein Spiel. So bleibt der Schauspieler innerhalb der Spielgrenzen psychisch geschützt, entlastet, kann mehr wagen, gar ungezügelt sein, und im tiefen Inneren seine Freiheit genießen. Doch geschieht das nur, wenn dem Spiel das private Ich nicht beigemischt ist, nur das freudige Kreative.

Kurzum

Fassen wir alles kurz zusammen. Betrachtet man das Schauspiel von Anfang an als Spiel, entstehen auf natürlichem Wege die inständig erwünschten und viel zu oft fehlenden Eigenschaften, wie künstlerische Selbstentfaltung, emotionales Einbeziehen, Improvisationsfähigkeit, feste Etappen. Diese ermöglichen es, an den Dramaturgie-spezifischen Formen festzuhalten, und gewährleisten zugleich einen freien Verlauf des Spiels innerhalb dieser Formen, der jede Vorführung lebendig und spannend macht. Das Wichtigste ist dabei, was das Alleinstellungsmerkmal der darstellenden Künste ausmacht: Das Spielen ermöglicht die Entstehung der Geschehnisse vor den Augen der Zuschauer in Echtzeit, was sie wiederum zu Zeugen einer außergewöhnlichen Geschichte macht und ihr Leben ungemein bereichert.

Die Voraussetzungen für ein Spiel sind sehr einfach und überschaubar: ein gemeinsamer Raum — wohlgemerkt ein hybrider Raum aus der realen und psychischen Welt — eingeräumte Zeit, die Spielregeln und als Startschuss der Wetteifer. Das komplizierte dabei ist offensichtlich, die Spielregeln erst zu definieren und dann im Spiel zu befolgen — im Schauspiel: die Umstände. Schauen wir uns zum Beispiel ein Fußballspiel an, so definieren etwa zwei Dutzend Spielregeln das ganze Spiel, die die Spieler in Rage nicht selten und ohne sichtbare Reue verletzen. Dagegen sind die Regeln des zwischenmenschlichen Verhaltens unvergleichbar und viel komplexer. Ohne sich auf eigene Erfahrung zu stützen und da, wo sie fehlt, aus der Empathie und seinen Menschenkenntnissen zu schöpfen, schafft es keiner durch dieses Dickicht. Umso wichtiger ist die Analyse jeder Szene, bei der die Situation bestimmende Umstände herausgefunden und anschließend in praktische Handlungsstrategien umgewandelt werden. Ohne Letzteres werden sie nicht zu Spielregeln und bleiben lediglich Bilder im Kopf.

Die Versuchung, diese Bilder aus dem Kopf nachzuahmen anstatt zu spielen, ist recht groß. In meiner Arbeit als Regisseur kämpfe ich täglich dagegen, auch bei Schauspielern, die es schon öfter anders gemacht haben. Andererseits begegnete ich bisher sehr wenigen Menschen, die sich nicht aufs Spiel umschalten konnten. Offenbar waren sie für das Schauspiel nicht geeignet. Das bestärkt mich in meiner Bemühung, das Schauspielsystem wie eine sichere und verständliche Anleitung weiterzuentwickeln und zu verbreiten, auf die jeder zugreifen kann.

Schaffen wir noch eine Übersicht über die wichtigen Kernpunkte des Systems.

1. Das Material, das für die Schauspielkunst verwendet wird, ist weder die visuelle, noch die auditive Komponente, obgleich beide stark im Schauspiel eingesetzt werden, sondern die psychologische Spannung, die in einer problematischen Situation entsteht. Sie wird durch die Aneinanderreihung solcher Situationen aufrechterhalten und in Bezug auf natürliche Fluktuationen des menschlichen Aufnahmevermögens gestaltet.

Die einzige schauspielspezifische Anforderung an einen Schauspieler ist daher, eine psychologische Spannung im Spielraum zu erzeugen.

2. Der Übergang von einer Situation zur nächsten wird durch ein Ereignis ausgelöst, das die Situation abgrenzenden Umstände so verändert, dass alle beteiligten Personen ihre bisherigen Handlungen stoppen und unter dem Einfluss der aufgetretenen Umstände neue Handlungsstrategien entwickeln müssen.

Die Umstände sind keine Beschreibungen, sondern die Ausrichtungen praktischer Handlungsmöglichkeiten und offenbaren sich nur in den Handlungen selbst.

3. Ein Ereignis entsteht seinerseits durch die persönliche Bewertung einer Tatsache mit anschließender Ausbreitung dieser so gewonnenen Bedeutung auf alle Beteiligte.

Ein Ereignis hat einen offenen Ausgang und kann ausschließlich von einem Protagonisten kreiert werden. Ein etabliertes Ereignis zeigt sich durch die tatsächliche emotionale Reaktion der Anwesenden. So wird die neu eingetretene Situation unbewusst als echt eingestuft (aktuelle psychische Realität innerhalb des Spielrahmens).

4. Die schauspielspezifische Handlung ist eine Durchsetzung der von der Figur definierten Regeln und Forderungen bei den Anwesenden, weil die Figur bei der Lösung ihres momentanen Problems auf die Anwesenden angewiesen ist.

Eine erfolgreiche Handlung zeigt sich durch die Einbeziehung aller in das Problem des Protagonisten. Die Handlung wird im passenden Aktivitätsmodus durchgezogen und an die Umwelt angeknüpft.

5. Als Vertreter und Vorboten von Emotionen funktionieren die psychophysischen Aktivitätsmodi, die in Erfahrungen gespeichert und bewusst abrufbar sind.

Die Menge und die Subtilität der zur Verfügung stehenden Aktivitätsmodi hängen stark von der angeborenen Empathie und dem Talent ab.

6. Die Gestaltung einer Rolle ist im Grunde eine künstlerische Auswahl passender Aktivitätsmodi. Die Durchführung einer Rolle ist eine ständige Wechselwirkung zwischen der Erschaffung eines Ereignisses und dem Abruf eines Aktivitätsmodus für die bevorstehende Handlung.

Oft wird die Auswahl wegen der Konditionierung durch einen früheren künstlerischen Erfolg beschränkt. So entstehen unerwünschte Schablonen und am Ende eine abgebrühte Langeweile bei den Schauspielern. Die starke Fokussierung auf das Kreieren des Ereignisses, das den ganzen Spielraum einnimmt, verhindert das Abrutschen in die Schablone.

7. Schauspiel ist ein Spiel unabhängig von den behandelten Themen und muss in jeder Hinsicht als solches angegangen werden. Das Spiel integriert auf natürliche Weise alle Teile des Handwerks und sichert den Erfolg der künstlerischen Unternehmung.

Spiel ist Wetteifer. Der Spielausgang darf vorgeahnt aber nicht vorbestimmt sein, der nächste Spielzug ist immer unbekannt. Taktisch gesehen stellt man den Spielgegner immer vor eine Überraschung und das ist wichtiger als das eigene Befinden. Dieses Prinzip befreit vom Druck, Emotionen nachzuahmen. Spielen erzeugt Aufregung und macht Spaß.

Lassen wir also das Publikum seine Arbeit machen — verstehen, erkennen, fühlen, staunen. Unsere Arbeit ist es, Schritt für Schritt vor den Augen des Publikums eine spannende Geschichte zu kreieren. Das verlangt nach einem inneren Paradigmenwechsel. Das ist eine andere Sichtweise, Denkweise, Herangehensweise.

Neu Lernen

Diese neue Herangehensweise verlangt auch ein neues Lernkonzept. Ich kann hier einige der meiner Ansicht nach wichtigsten Themen der Schauspielausbildung auflisten:

- Achtsamkeit und Wechsel der psychischen Rhythmen, der Generalschlüssel für weitere Handwerksebenen;

- Ausstrahlung und räumliche Konstellationen als grundlegende Fokussierung der Aufmerksamkeit des Publikums;

- Szenenanalyse in Bezug auf die Figur mit den Schwerpunkten Situation, Motivation und Probleme sowie die Verknüpfung dieser Situation mit einer privaten Erfahrung;

- Körperlicher Einsatz als Mittel für jede Handlung der Figur in jedem Abschnitt der Rolle — das schafft die Basis für den neuen Realitätsrahmen des Spiels;

- Nonverbales Interagieren als Sensibilisierung auf die Aktivitätsmodi und deren Einsatz;

- Wetteifer als Traggerüst jeder Szene und Zünder des Spiels.

Unberührt bleiben hier die allgemeinen Sprech- und Körperbeherrschungstechniken.

Für jedes Thema gibt es einige verbreitete, angepasste und speziell dafür entwickelte Übungen. Zweifelsohne müssen noch welche hinzuerfunden werden, was bei der aufrichtigen und gründlichen Aufarbeitung des jeweiligen Themas sicherlich geschehen wird. Ich hoffe, wenn ich die Zeit dazu finde, diese Inhalte in einem weiteren Buch für den Ausbildungskurs beleuchten zu können.

Bis dahin will ich nur sagen: Lasst uns das Spiel beginnen! Und zwar ein Großes.

Glossar

Adler, Stella	Schauspielerin, Schauspiellehrerin. Werke zum Nachschlagen: Stella Adler. *Die Schule der Schauspielkunst: The Art of Acting. 22 Lektionen.*
Barba, Eugenio	Theaterregisseur, Gründer des Odin Teatret und der International School of Theatre Anthropology. Werke zum Nachschlagen: Eugenio Barba. *Ein Kanu aus Papier. Abhandlungen über Theateranthropologie.*
Bernhardt, Sarah	Legendäre französische Schauspielerin des 19. Jahrhunderts.
Brando, Marlon	Einer der besten Schauspieler des 20. Jahrhunderts, dessen Erfolg maßgeblich zur Anerkennung des *Method Actings* von Lee Strasberg beitrug, Oscar-Preisträger. Zu sehen in: *Die Faust im Nacken* (1953/1954), *Der Pate* (1971-1972), *Der letzte Tango in Paris* (1972).
Brecht, Bertolt	Einer der bedeutendsten deutschen Dramatiker des 20. Jahrhunderts, Schriftsteller und Regisseur . Werke zum Nachschlagen:

	Bertolt Brecht. *Ausgewählte Werke in sechs Bänden, Schriften.* Bertolt Brecht. *Kleines Organon für das Theater.*
Chekhov (Tschechow), Michael	Einer der angesehensten russischen Schauspieler Anfang des 20. Jahrhunderts, Schauspiellehrer. Werke zum Nachschlagen: Michael Chekhov. *Die Kunst des Schauspielers.*
Demidov, Nikolai	Schauspiellehrer. Werke zum Nachschlagen: Nikolai Demidov. *Becoming an Actor-Creator.*
Gwisdek, Michael	Berühmter deutscher Schauspieler und Regisseur. Zu sehen in: *Nachtgestalten* (1999), *Good Bye, Lenin!* (2003), *Oh Boy* (2012).
Hoffman, Philip Seymour	Einer der besten Theater- und Filmschauspieler, Oscar-Preisträger. Zu sehen in: *Owning Mahowny* (2002), *Capote* (2005), *Glaubensfrage* (2008), *Jack In Love* (2011)
Meisner,	Schauspieler und Schauspiellehrer, bekannt

Sanford	für seine Schauspielmethode die *Meisner-Technik*. Werke zum Nachschlagen: Meisner, Sanford u. Dennis Longwell. *Schauspielen. Die Sanford-Meisner-Methode.*
Niewöhner, Jannis	Einer derzeit meistgefragten und talentiertesten jungen deutschen Filmschauspieler. Zu sehen in: *4 Könige* (2015), *Jonathan* (2016), *High Society* (2017).
Redmayne, Edward „Eddie" John David	Britischer Schauspieler, Oscar-Preisträger. Zu sehen in: *Die Entdeckung der Unendlichkeit* (2014), *The Danish Girl* (2015), *Phantastische Tierwesen und wo sie zu finden sind* (2016).
Stanislawski, Konstantin	Theaterregisseur, Schauspieler, Schauspiellehrer und Theaterreformer, Gründer des Moskauer Künstlertheaters. Seine Ansichten zur Schauspielkunst, bekannt als *Stanislawski-System*, beeinflussen das westliche Theater bis heute stark und sind ein Teil der Theaterausbildung in der einen oder anderen Form an beinahe jeder Theaterschule. Werke zum Nachschlagen: Konstantin Stanislawski. *Die Arbeit des Schauspielers an sich selbst.* Konstantin Stanislawski. *Die Arbeit des*

Strasberg, Lee	Theaterregisseur, Schauspieler und bedeutender Schauspiellehrer, Begründer des *Method Actings*. Werke zum Nachschlagen: Lee Strasberg. *Schauspielen und das Training des Schauspielers.*
Streep, Meryl	Gilt als erfolgreichste Schauspielerin aller Zeiten, Oscar-Preisträgerin. Zu sehen in: *Holocaust – Die Geschichte der Familie Weiss* (1978), *Julia* (1977), *Die durch die Hölle gehen* (1978), *Kramer gegen Kramer* (1979), *Sophies Entscheidung* (1982), *Jenseits von Afrika* (1985), *Der Tod steht ihr gut* (1992), *Die Brücken am Fluss* (1995), *Der Teufel trägt Prada* (2006), *Die Eiserne Lady* (2011).
Streisand, Barbra	Berühmte Schauspielerin und Sängerin, Oscar-Preisträgerin, deren Spitzenkarriere sich über sechs Jahrzehnte erstreckt. Zu sehen in: *Funny Girl* (1968), *Hello, Dolly!* (1969), *A Star Is Born* (1976), *Yentl* (1983), *Liebe hat zwei Gesichter* (1996).
Tovstonogov, Georgy	Bedeutender sowjetischer Theaterregisseur. Werke zum Nachschlagen:

Georgy Tovstonogov. *Profession of the Stage Director.*

Literaturverzeichnis

Eugenio Barba. *Ein Kanu aus Papier. Abhandlungen über Theateranthropologie.*

Lisa Feldman Barrett. *How Emotions Are Made: The Secret Life of the Brain.*

Bertolt Brecht. *Ausgewählte Werke in sechs Bänden, Schriften.*

Bertolt Brecht. *Kleines Organon für das Theater.*

Michael Chekhov. *Die Kunst des Schauspielers.*

Mihaly Csikszentmihalyi. *Kreativität: wie Sie das Unmögliche schaffen und Ihre Grenzen überwinden.*

Ursina Degen. *Spiel und Selbstmotivation.*

Nikolai Demidov. *Becoming an Actor-Creator.*

Paul Ekman. *Emotions Revealed.*

Daniil Elkonin. *Psychologie des Spiels.*

William Esper, Damon DiMarco. *Kunst und Handwerk des Schauspielers.*

Chris D. Frith. *Making up the mind. How the Brain Creates Our Mental World.*

Erich Fromm. *Psychoanalyse und Ethik.*

Joachim Funke. *Psychologie der Kreativität.*

Gerd Gigerenzer. *Bauchentscheidungen: Die Intelligenz des Unbewussten und die Macht der Intuition.*

Sanford Meisner. *On Acting.*

Susanne Miller. *The Psychology of Play.*

Rolf Oerter. *Psychologie des Spiels.*

Rolf Oerter. *Psychologie des Spiels: ein handlungstheoretischer Ansatz.*

Robert L. Solso. *Cognitive Psychology.*

Konstantin Stanislawski. *Die Arbeit des Schauspielers an sich selbst.*

Konstantin Stanislawski. *Die Arbeit des Schauspielers an der Rolle.*

Lee Strasberg. *Schauspielen und das Training des Schauspielers.*

Georgy Tovstonogov. *Profession of the Stage Director.*

Lew Wygotski. *Das Spiel und seine Bedeutung in der psychischen Entwicklung des Kindes.*

И. Б. Малочевская. *Режиссерская школа Товстоногова.*

FSC
www.fsc.org

MIX

Papier | Fördert
gute Waldnutzung

FSC® C083411

Zeitfracht Medien GmbH
Ferdinand-Jühlke-Straße 7
99095 Erfurt, Deutschland
produktsicherheit@kolibri360.de